Ohm Lotse

Das heitere Notizbuch

mit Hintergedanken

MEINEM BRASSA FROM ANASSA MASSA
UND UNSEREN FAMILIEN
IN LIEBE & DANKBARKEIT

Außerdem ein Dankeschön
für differenzierte Berichterstattung/Recherche:
Campact, Correktiv, T-Online HP, Tagesspiegel u. v. a.
Ebenso danke der Wissenschaft,
die den Menschen helfen will,
speziell dem Max-Planck-Institut & seinen Wissenschaftlern
und allen Bekannten und Freunden quer durch Deutschland
für ein umfassendes Stimmungsbild

Das heitere Notizbuch
mit ernsten Hintergedanken

plus

Weisheiten
Sinnsprüche
Lebenshilfen

Worte des Großen
OHM LOTSE

COPIR. F.F.-RECORDS   H ARTCHOR

Impressum

Bibliografische Information der Deutschen Bibliothek:
Die Deutsche Nationalbibliothek verzeichnet diese
Publikation in der Deutschen Nationalbibliografie;
detaillierte bibliografische Daten sind im Internet über
http://dnb.dnb.de abrufbar.

Fotos/ Grafik/Cover/Text: Fränky Frecka ©
(inklus. Liz./ KI-Edit © (Ausnahmen siehe S. 202, "Zum Buchinhalt"

Originalausgabe 2025
Autor: Ohm Lotse
Produktion: Fränky F. feat.
& Co-Produzent: Ede Pastete (Oheim)
© dt. Ausgabe

Verlag: BoD · Books on Demand GmbH, In de Tarpen 42,
22848 Norderstedt, bod@bod.de
Druck: Libri Plureos GmbH, Friedensallee 273,
22763 Hamburg
ISBN: 978-3-7597-8812-2

DIE GUTE TAT
BEGINNT BEI DIR

Breaking News

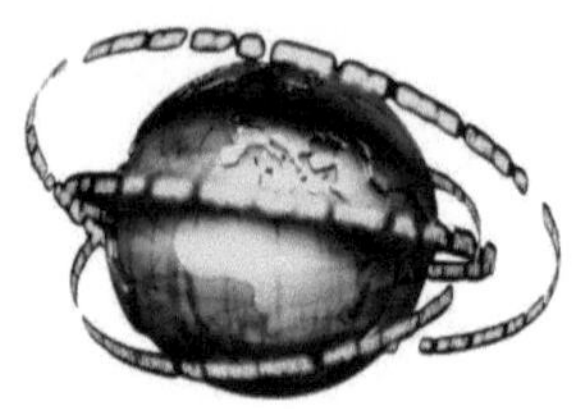

Sorry, ich brauch ne Pause!

Ohm Lotse rät:
Hobby wechseln kann Wunder wirken!

Anke auf „Ferkel"

Regional-Meisterschaft, Dressur, A-Klasse, offene Runde
- Kommentar gesprochen von Alfons Klinker, Fachmann
für Dressur und Traber -

Wunderbare Hinterhand
Traversale, Hand zum Schritt
Ausgezeichnet. Traben. Stopp
Kurze Pause. Dann Galopp

Schenkelweichen Schwerpunkt suchen
Einerwechsel, 2 Piaffen
Vorhandwendung, Schulter vor
Aufgewölbt und Anlauf: Tor

Ruhig Brauner, Arbeitstrab
Zügellahm, im Zick-Zack Schritt
Kommen lassen, Kurve rein
Hüha hott, oh nein, oh nein

Schaukelt wie ein Schaukelpferd
Und verliert gar was im Schritt
Ferkel patzt. Bleibt stehn und kackt
Anke bringt das Tier auf Trab

Noch ne Runde, Ferkel topp, findet Viertakt Im Galopp.
Anke zerrt und zupft am Pferd, Ferkel steht,
bewegt sich nicht.
Anke schiebt, ist kurz vorm Flennen
Pläne leider sehr verschieden
Ferkel bockt, steigt hoch und rennt
Pferd und Reiter nun getrennt
und Anke flennt
ins Reiterhemd.
Oh Gott, die Ärmste, oho, ach Gott, die Ärmste oho ...

Meine negativen Gedanken:_______________________

____

____

____

Beweis für meine Gedanken:

Beweis gegen meine Gedanken:

Wie kann ich meine negativen Gedanken mehr realistisch sehen?

Ohm warnt: Klebezettel, aber in Maßen

Schatz, wird heut wieder später, die Arbeit, du weißt ja. Nachher trifft sich noch das Büro auf ein Bier. Kann Sue leider nicht zum Kindergarten bringen, weil ich früh schon weg muss. Ach, ruf doch mal den Klempner an wegen der kaputten Spülung, ich komm nicht dazu. Kuss. mein Häschen, schmatz!

Ooch, du Ärmster, muttu wieda Überstunde mache, mit neue Sekretärin, aber mach dir keine Sorgen, bin schon weg. Du kannst ausschlafen, Hase. Bring sie doch mit, ihr habt das Haus für euch ganz allein. Aber Kaffee ist keiner mehr da, auch sonst nix. Das Haus ist leer, die Kinder sind begeistert, sie mögen meinen neuen Freund sehr, der hat immer Zeit für uns.

Das macht glücklich

Wie ich mich lese?

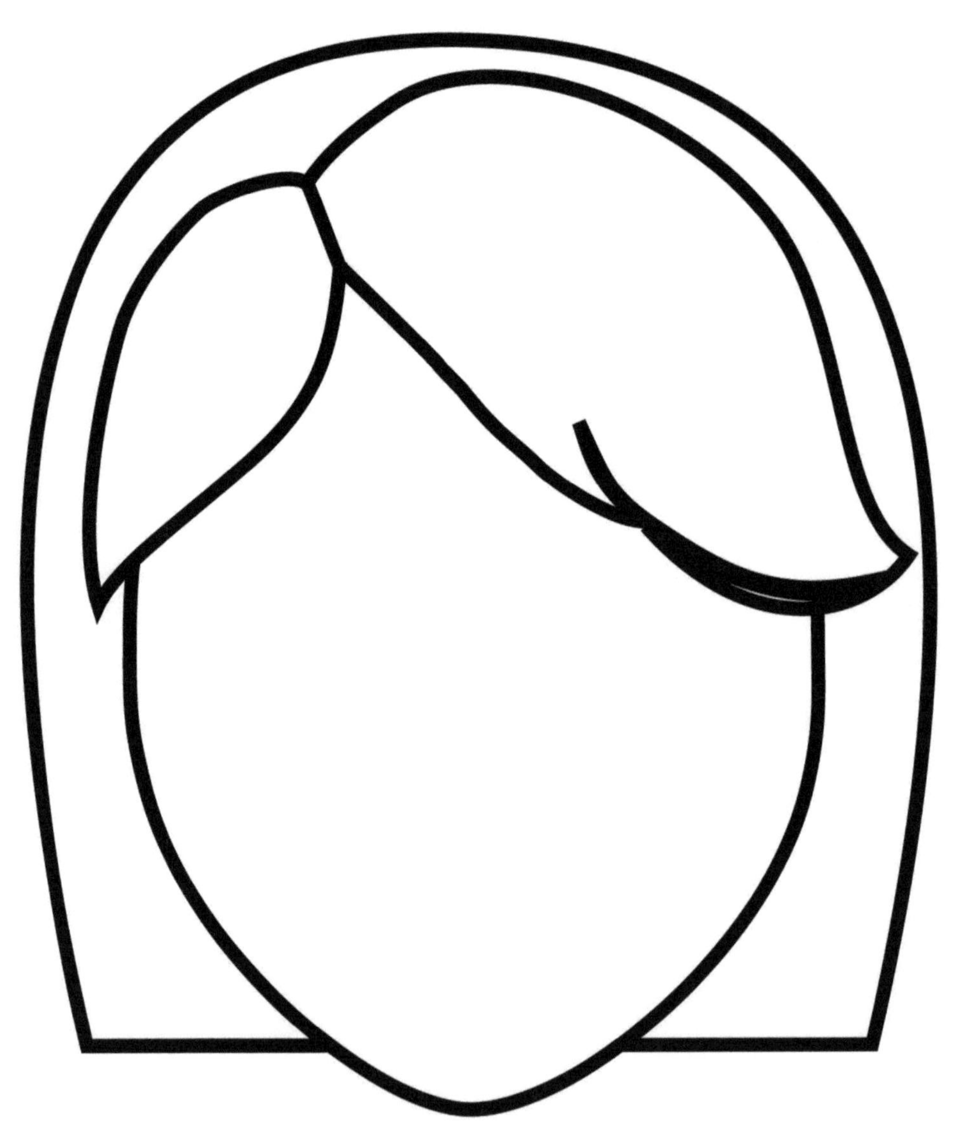

OHM LOTSE sagt:
Lieber Eierkopf als Holzkopf
LIEBER EIERKOPF ALS HOLZKOPF

Wochen Planer

Montag:

____

____

Dienstag

____

____

Mittwoch:

____

____

Donnerstag:

____

____

Freitag:

____

____

Samstag:

____

____

Prioritäten:

____

____

____

____

____

____

Positition:

____

____

____

Aufgeschoben:

____

____

____

Wichtige Öffnungszeiten & Sprechstunden

Notfall: Kein Handy

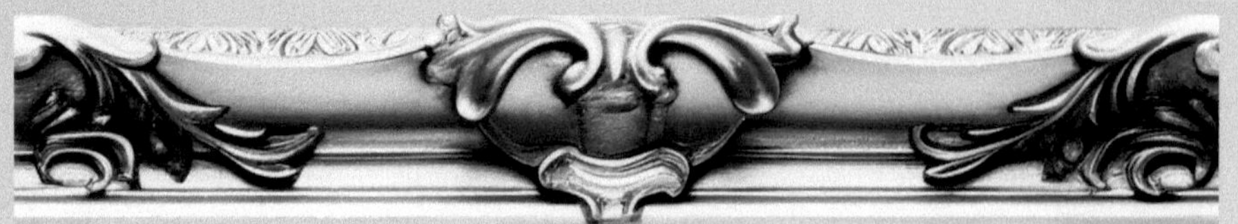

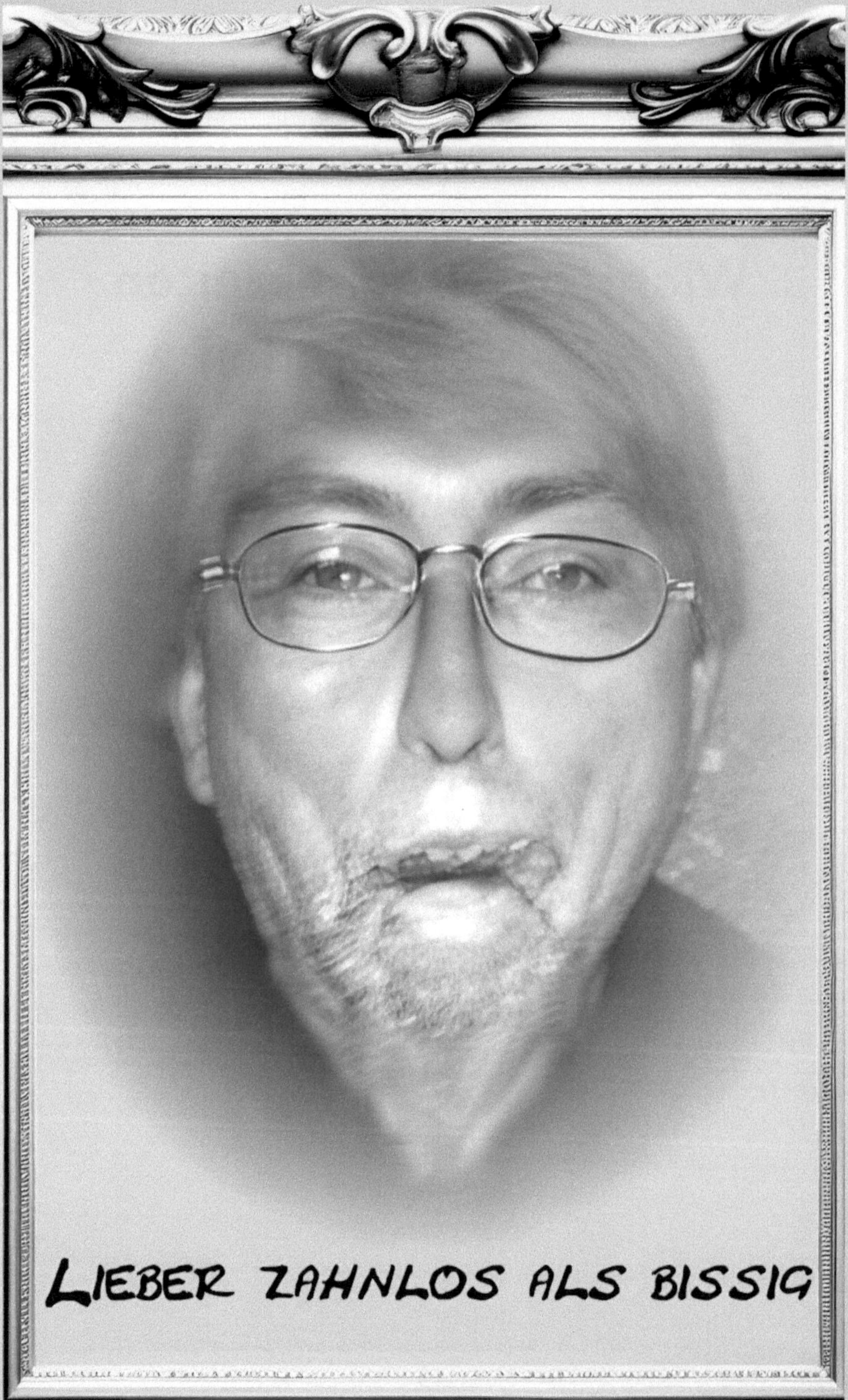

LIEBER ZAHNLOS ALS BISSIG

DA DINGS DA BUMBS
(Da Altmeister)

Ey guck mal da- das ist doch der
DA DINGS DA BUMBS, na du weißt schon wer
Nu klar, kenn ich den, die Legende kennt doch jeder
N`ganz bekannter Mensch - das isser
DA DINGS DA BUMBS DA- wie heißt er?
DA DINGS DA BUMBS DA- da große Meister
Ich sach dir uh du das war einer
Hat sich gut gehalten für sein Alter
Unvergesslich, das war ne wilde Zeit
Ne du meinst den andern, der is doch schon tot
Da da -wie heißt da?
Da DINGS DA BUMBS da große Meister
Wart amal - ich komm gleich drauf
Ja sachamal - ei verbibbsch
Der macht mich fertisch - mensch wie heißt er
Der wird schon wissen wie er heißt
Jetzt kommt er auch noch rüber
Sachamal, dass es dich noch gibt
Na klar, weeß ick doch - wer du bist
Jo, genau, wir werden alle älter
Aba freilisch, die Juchend kommt nie wieder
S`war echt peinlisch, geene Ahnung, wer das war
der sieht ihm echt ähnlisch, dem
DINGSDA BUMBSDA DER
Der Crack der CHAMP, wenn der und wie!
Ach der war das, das vergisst man nie
Aba alt ist er geworden, der verrückte Hund
Der war mal was, dann war er weg
Sein Autogramm is nix mehr wert, der ist doch viel feister
Da kräht kein Hahn mehr nach dem, wie heißt er
Da DingsdaBumbsdaAltmeister

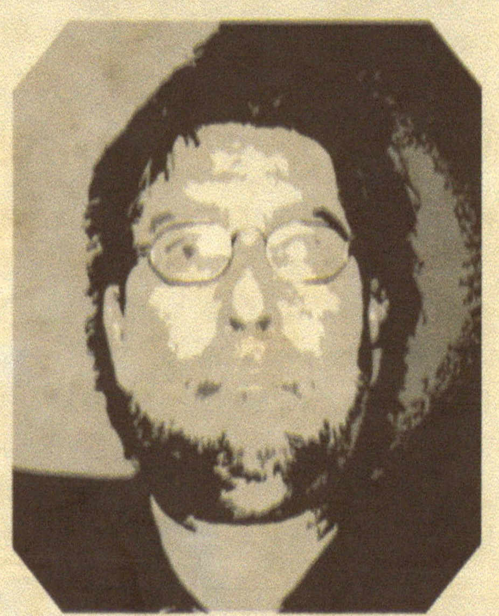

ROLLENWECHSEL IST DAS A UND O

Ohm über Binsenweisheiten:
Ohrenschänder ächten!

- **So jung komma ma nimma zsamm,**
  sagt der 90-jährige, alles relativ.

- **Manche Dinge ändern sich nie**
  Echt? Und wenn ich mich scheiden lass?

- **Man kann, wenn man nur will**
  Schön wärs

- **Einmal ist keinmal**
  Und umgekehrt?

- **Damit einer gewinnen kann, muss einer verlieren**
  Fragt sich nur, wer! Im Zweifel der andere!

- **Der eine sagt so, der andere so**
  Aha, soso

- **Es kommt immer anders, als man denkt**
  Vor allem, wenn man nix denkt

- **Lieber halbvoll als halbleer**
  Lieber voll als halbvoll

- **Komm ich heut nicht, komm ich morgen**
  Am besten gar nicht

- **Geld macht nicht glücklich**
  sagen die, die es haben

- **Der Apfel fällt nicht weit vom Stamm**
  Fallobst verrottet, besser hegen und pflücken

- **Wo ein Willy ist, da ist auch ein Weg**

- **Besser erstunken als erfrorn**

- **Lieber ein Ende mit Schrecken**

- **Das wird nichts ändern ...**

> Sagte der Onkel Doktor, als der Patient die Ergebnisse wissen wollte: Think positiv!
> Funkte der Käptän: Sink ... positiv!   Mit Ausnahmen!

Schalk oder Schurke?

Hängt von der Sichtweise des Betrachters ab, genauer gesagt "der Betrachterin". Es gibt die Arschlöcher, aber auch die liebenswerten "Machos".

Gefühle ausdrücken

Emotion	Pic	Wann fühlst du dich so?
neidsch gelb		
traurig blau		
überracht lila		
ärgerlich rot		
entspannt grün		

oder doch wieder **tschitscheringrün, solala?**

Ironie dient der Infragestellung und gleichzeitigen
Existenzbegründung der Unendlichkeit (frei nach Kierkegaard)

Ironie ist eine Lebenshaltung,
man steigt nicht einfach ein und aus
(Zitat eines Zitates des Meisters Harry Schmidt.)

Um Ironie zu verstehen, fehlt es oft an Vorbildung,
teils an Sprachkenntnissen, ferner an dem völligen
Mangel an Kritikfähigkeit, wenn es den eigenen Bereich betrifft.

Mittlerweile haben eigentlich kritische Künstler in Teilen die Schere im Kopf, auch wenn sie es öffentlich meist nicht zugeben würden. Man fürchtet öffentlichen Pranger, Ausgrenzung, Verdiensteinbußen, Shitstorm und Missverständnisse, zerrissen zu werden zwischen den Extremen, bis hin zu Übergriffen.

Das Perfide daran ist, dass Leute, die ständig Toleranz u. Umwertungen einfordern, selbst null Kritik ertragen, aggressiv reagieren, wenn man ihnen nicht folgt. Ältere will man umerziehen, anstatt sie mit Respekt Meinungen, Werte weiter leben zu lassen, sofern sie damit niemanden bedrohen, beleidigen oder verletzen. Selbsternannte Sprachrohre einer totalitären Kultur, die Diskussionen verweigert, aber das Land gern melkt, ja sogar erpresst. (*strike G.*) *P.S.*: Und keinen Humor hat.

Empörte Vorwürfe über angeblich nicht existente sprachpolizeiliche Inquisition blenden aus, dass man längst auf verschiedenen Ebenen "diktiert", inkl. öff./rechtl. Sendern. Harmlose Songtexte, in Stasi-Art zensiert, Werke aus dem zeitlichen Kontext gerissen, obwohl sie sich mit Ironie für das Humane einsetzen, Begriffe eigenmächtig, alternativlos vorgegeben; teils fehlerhaft, ohne Betroffene einzubeziehen. (Korrekt: American Indian, Zuschauerpost wird weggeworfen wg. I-Wort.) Nicht zu vergessen die elitäre Arroganz gegen "Aneignung fremder Kultur", die erst so zum Problem wird. Im Gegenteil: Ein sehr gefeierter Reggae-Star in Jamaika im Native-Look: ein Deutscher! Rasta-Locken abschneiden? Also Amis in Lederhosentracht verhaften? Muss Mama ihren Kindern den Häuptlingsschmuck des geliebten Winnetous verbieten? Das Perfide daran ist, dass der Druck der medialen Wichtigtuer und Aktivisten unterschwellig zu Anpassung führt, um Problemen zu entgehen, egal wie idiotisch es ist.- Auch Meta-Ebenen versteht man nicht mehr, die KI schon gar nicht. Harry komm zurück!

Gedankenwolken

Schreibe in die Wolken, beschreibe deine Gedanken und Gefühle

SPIEGEL DER SEELE

Finde alle Gelegenheiten, um dich von außen zu sehen! Schau mal genauer in den Spiegel, beobachte deinen Schatten oder schlüpf in eine andere Rolle.
Dann siehst du im Spiegel deine Seele!

OHM FÄHRT FAHRRAD!

mb

Bläser, blas den Blues

Fahrkartenautomat, Technik is doch leicht. Da pushen wir, dann wartet man, scheiße Geld is weg. Thomas hat mal wieder viel zu laut gelacht. „So nicht", sagt Ka-ie- Stimme, nicht mit roher Kraft.
U-Bahn weg. Luft zum Schneiden.
„Verdrecktes Klo", „halts aus"!
Taschendiebe trollen sich, heut ist
zu wenig nix los. Besoffner Schnorrer,
blasses Mädchen taumelt schwer im Drall,
rudert mit den Armen, sie lachen, die ist voll.

**Bläser blas den Blues, versöhn uns
mit der Welt. Vom Schlechten gibt's
genug. Spiel was dir gefällt. Bring
Licht in den U-Bahn-Schacht.
Erleuchte ihre Herzen, heile ihre
Wunden und rette unsre Seelen.**

Ein Messerheld mal ohne Clan, gestellt
und gleich verpackt. Jammert , fängt zu
 schluchzen an, wie ein kleines Kind.
Alles nicht so unser Fall, und ständig will wer Geld.
Wir geben nur dem Bläser was, der versunken spielt.
Neben uns, einer schimpft: „Der lebt von unserm Geld."
„Wie recht er hat." Er hätt schon recht! Die Einheit wär
dran schuld. Ein Kind weint im Beineknäuel, bist du endlich
brav? Da hört der Götterbote auf, schenkt ihm ein kleines
rosa Schaf.
**Bläser blas den Blues, versöhn uns mit der Welt.
Vom Schlechten gibt's genug, spiel was dir gefällt …**

NOTIZEN

MENÜPLAN

Montag

Dienstag

Mittwoch

Donnerstag

Freitag

Samstag

Sonntag

Weiter kommt man ohne ihr ...

Angriff der Dosen auf Jugendliche

Große Dose eines Energy-Getränks: 500 Milliliter, enthält rund 60 gr Zucker, circa 20 Stück Würfelzucker. Fördert Entstehung vieler Erkrankungen wie Übergewicht u. Diabetes; zudem schädlich für die Zähne. Hohe Koffein-Dosis: Herzrasen, erhöhte Nervosität. Mehr als 4 bis 6 Drinks tägl., Gefahr einer körp. Abhängigkeit. Entzugserscheinungen in Form von Kopfschmerzen, Nervosität, Konzentrationsstörungen und Reizbarkeit.

Abbau: Durchschnitt 12 Stunden bis Koffein im Körper komplett abgebaut ist. Untersuchungen zeigen engen Zusammenhang zwischen hohem Konsum von Energy Drinks und HAARAUSFALL.- *11/24: Eine kleine Dose Energydrink enthält 54 gr Zucker. Ist mehr als doppelt so viel wie die von der (WHO) empfohlene maximale Dosis pro Tag.* Ein dauerhaft erhöhter Konsum kann somit zu Übergewicht u. Diabetes führen. Wirkung kurzzeitig anregend, langfristig nur für mehr Müdigkeitsattacken. Inhaltsstoffe: Koffein blockt Adenosin-Rezeptoren im Gehirn, den Botenstoff, der Müdigkeit fördert u. neuronale Aktivität dämpft. Ferner Stimulanzien, Guarana (koffein-ähnlich), vor allem Taurin, ein Nerven- u. Muskelstimulans .- Dt. Herzstiftung 2023: *37% Jugendliche kombinieren Energy mit Alkohol. 17% geben an, mehr als einen Liter bei passender Gelegenheit zu trinken. 60% von 10 bis 18 konsumiert E-Drinks. Mehr schwere Herzrhythmusstörungen, plötzl. Herztod, Bluthochdruck steigt schon bei 1 Dose.*

Mehr unter "Herzstiftung.de". Diese Experten fordern dringend mehr Aufklärung, schildern Beispiele. Quellen-Infos: Dr. F. Oberhoffer / Prof.Dr.KR J.Chun

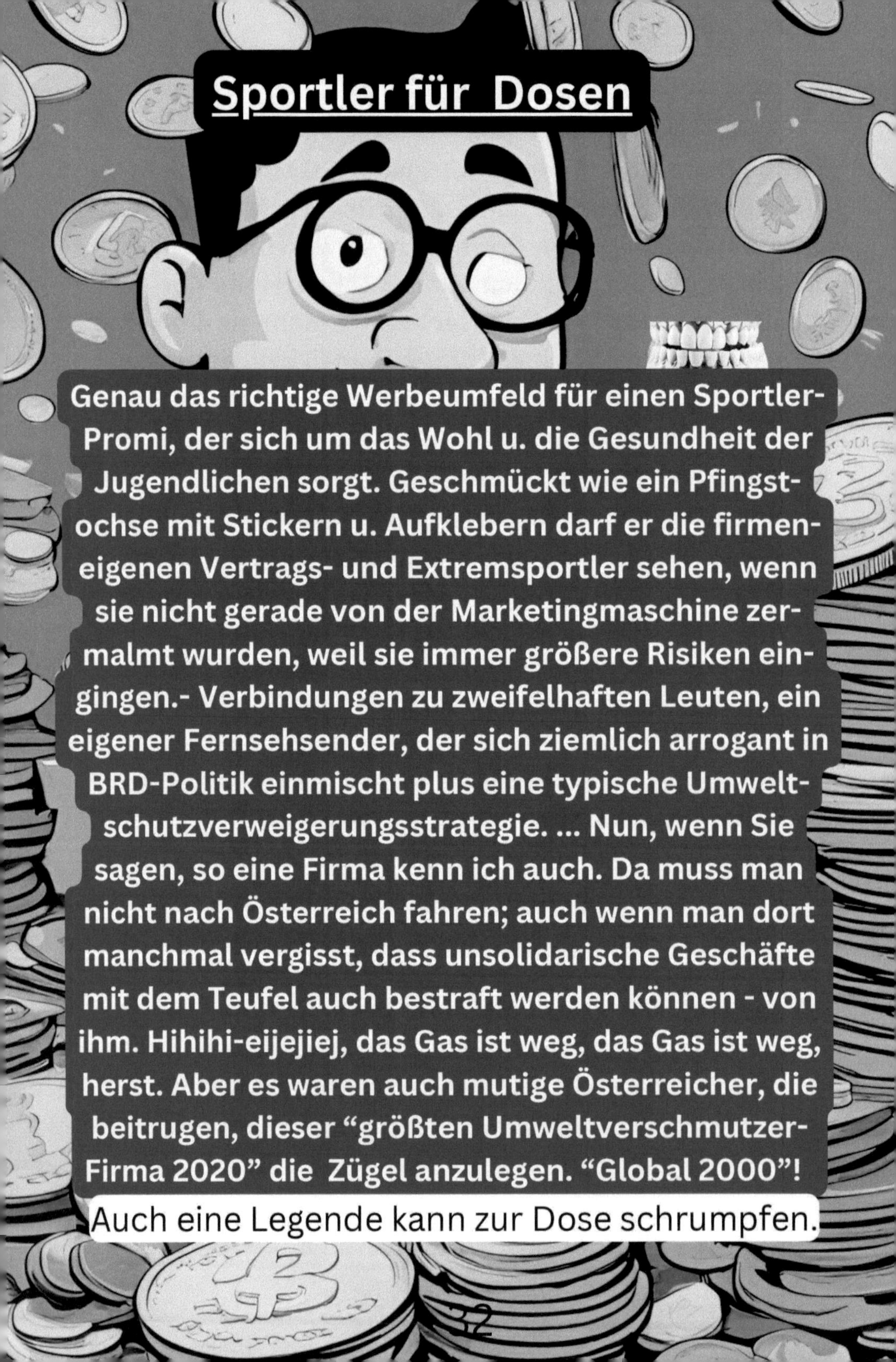

Sportler für Dosen

Genau das richtige Werbeumfeld für einen Sportler-Promi, der sich um das Wohl u. die Gesundheit der Jugendlichen sorgt. Geschmückt wie ein Pfingstochse mit Stickern u. Aufklebern darf er die firmeneigenen Vertrags- und Extremsportler sehen, wenn sie nicht gerade von der Marketingmaschine zermalmt wurden, weil sie immer größere Risiken eingingen.- Verbindungen zu zweifelhaften Leuten, ein eigener Fernsehsender, der sich ziemlich arrogant in BRD-Politik einmischt plus eine typische Umweltschutzverweigerungsstrategie. ... Nun, wenn Sie sagen, so eine Firma kenn ich auch. Da muss man nicht nach Österreich fahren; auch wenn man dort manchmal vergisst, dass unsolidarische Geschäfte mit dem Teufel auch bestraft werden können - von ihm. Hihihi-eijejiej, das Gas ist weg, das Gas ist weg, herst. Aber es waren auch mutige Österreicher, die beitrugen, dieser "größten Umweltverschmutzer-Firma 2020" die Zügel anzulegen. "Global 2000"!

Auch eine Legende kann zur Dose schrumpfen.

Ohm Lotse sagt:
Erfülltes Leben ist ...
Vornobenreinund
hintenuntenraus
UND VARIATIONEN

EINKAUFSZETTEL

vegetarisch	vegan
für Frau	**Kinder**

Auch so ähnlich

Er

Bier

Fleisch, Wurst, Käse

Der Rest vegetarisch

„Herrje, er grillt schon wieder! Wir sollten ihn entmündigen lassen oder noch besser: einschläfern."
„Wollt ihr n `Stück? Ein Prosit, ein Prosit, der Gemütlichkeit ...."

Ohm sagt:
Die Dosis
MACHT DAS GIFT

<u>Romanze im Supermarkt oder „Dumm gelaufen"</u>
Ich sah dich vor dem Supermarkt, mir blieb die Spucke weg
Ich hatte sofort das Gefühl, dass es mit uns was wird
Einkaufswagen, keiner da, ich bot dir meinen an
Du sagst: „Ist noch ein Stückchen frei?" Ich darf ihn dafür
fahren. Ich fand es schnell, mein bisschen Zeux, du
warst dir oft nicht schlüssig. Tomaten raus,
die Gurken rein, Pulver oder flüssig.

Du hast gesagt: "Wir sind gleich fertig, nur noch
Toilettenpapier!"
Ich raste durch die Einkaufstraßen, immer hinter dir her
oho aha, Liebe auf den ersten Blick
oho aha, Romantik pur im Supermarkt

Romanze im Supermarkt (2)

An der Kasse für dich gezahlt,
du musstest grad, die Blase
Hab (Deine) tausend Tüten weggeschleppt,
zum Kofferraum. Ich schwitze!
Du setzt dich in dein Cabrio und
schaust mich fragend an,
reichst mir die Hand und fährst los,
bevor ich noch was sagen kann
In meiner Faust lag der Beweis,
deine Nummer fürs erste Date
Ich wusste gleich, das klappt mit uns
Liebe auf den ersten Blick

**oho aha, Liebe auf den ersten Blick
oho aha, Romantik pur im Supermarkt**

Da kullert mir dein Trinkgeld raus …
mir blieb die Spucke weg
Zwei Euro fuffzich! Shit, oh Fuck!
Nie mehr im Supermarkt
Oho, aha, Liebe auf den ersten Blick
**Oho, aha, Romantik pur im Supermarkt
Stopp, da rat ich dringend ab!**

CHECKLISTE
<u>Was kann weg?</u> ✓

Sofort?

heute noch?

Kommende Woche

nächsten Monat

nächstes Jahr

Probezeit

CHECKLISTE
Was muss her?
Nicht Zutreffendes streichen!
Neuer Mann, neue Frau, beides, neues Auto,
ein Haus, Hund, Garten, Motorrad, Flugzeug,
Bausparvertrag, Lottogewinn usw.

Bring Farbe in dein Leben!

BINGO
LOVER GESUCHT

MAG TANZKURSE	SCHENKT OFT BLUMEN	MAG MEINE MUTTER	SITZT BEIM PIESELN
KEINE ANGST VOR SPINNEN MAG KATZEN U. HAUSTIERE	MAG FRÜCHTE, UND KÖRNER	SPIELT EIN INSTRUMENT	GEHT GERN AUF DEMOS
MAG WALKEN MIT STÖCKEN UND PILATES	TRINKT GERN SMOOTHIES UND GRÜNTEE	KANN LANGE ZUHÖREN	STELLT VIEL SELBST HER PFLEGT GARTEN
HANDWERKLICH BEGABT, BACKT BROT, REPARIERT	KANN MIT MEINEN PHOBIEN UMGEHEN	JEMAND, DER MEINE GEDANKEN ERSPÜRT	HAT EIN GÜNSTIGES STERNZEICHEN

Ihr Wunschprofil war der Renner!!!

Lotse sagt:

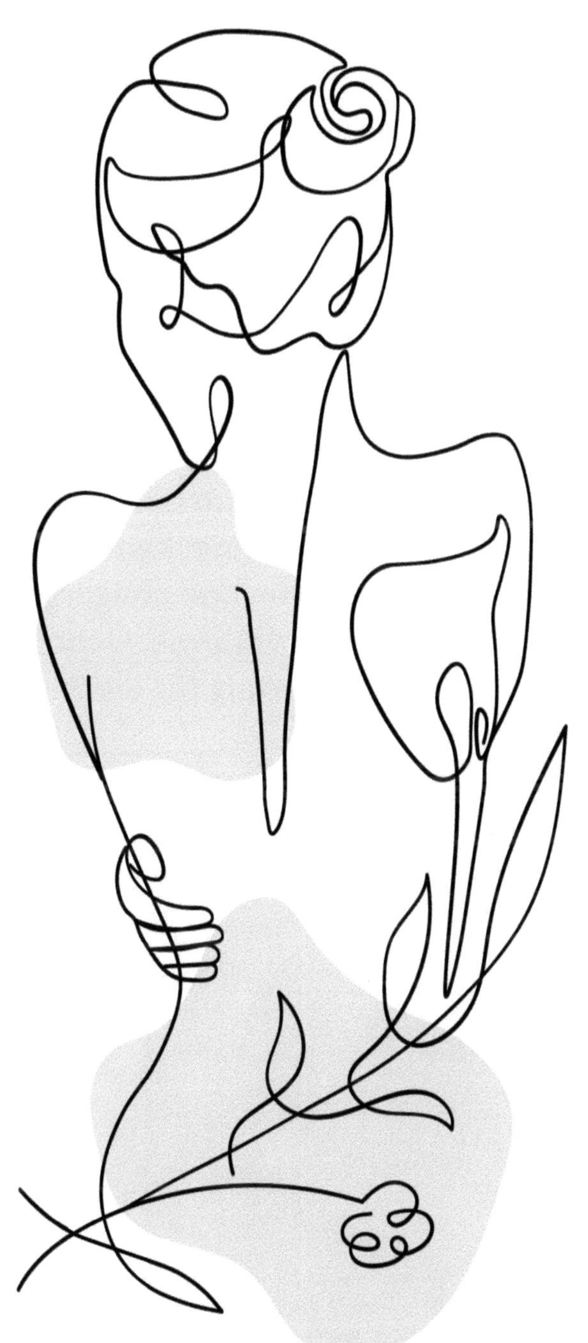

Warten auf Vollendung

Erde zum Weltraum: 100 km. Erde – Mond: 400000 km. Erde-Sonne: 150 Millionen. Voyager war bereits über 22 Milliarden km von der Erde entfernt, nächster Stern zur Erde in 40 Billionen km, Milchstraße 26000 Lichtjahre (10 Milliarden = 1 LJ), am anderen Ende Objekt in 66000 LJ. Nächste Galaxie: Andromeda-Nebel, 2,5 Mill. Lichtjahre, bisher älteste und entfernteste: HD1, 13,5 Milliarden LJ.-

Und zwei Menschen am Ende? Kaum auseinander, aus, Lichtjahre weg.- Sie war seine Sonne: Kein Wunder, sie sorgte für Glück durch Serotonin und steigerte Lust. Ihre Strahlen waren Liebes-SMS aus Wärme, Licht, Vitamin D für die Psyche. Die reinste Nahrung für die Seele, sie gab ihm Energie und Inspiration.
Nun hat der Ärmste `nen fetzen Sonnenbrand, sch ... Sonne. Und verwünscht sie auf den Mond.

Und er? Leidet an **Liebeskummer,** braucht **Energie**, um es auszuhalten. Bekommt er kurzfristig durch Stresshormon **Adrenalin.** Langfristig durch **Cortisol.** Vor allem durch **nächste Sonne!**

mitsamt ihrem Neuen, dem Mann im Mond!

ALTES IST

DIE QUELLE DES NEUEN

OHM LOTSE sagt:
Wisse
Macht
Aber mehr zu wissen reicht

Ohm: Statistiken sind Knetmasse

Wie funktioniert Manipulation? Wie im Fall der Kriminalität, als Politker abwiegelten, dass doch die Rate gefallen sei. Es stimmte, aber Angriffe gegen Leib und Leben sowie Gewalt gegen andere nahmen zu, was Bürger am meisten beunruhigt. Wenn nachher Journalisten das "gutgemeinte" Tricksen noch belegen, hat man erfolgreich weiter die Profiteure gestärkt, das Vertrauen geschwächt.

Wie manipuliert man Statistiken?

- Man lässt **Achsen weg**, beginnt nicht bei Null. Man sucht sich nur passenden **zeitlichen Ausschnitt. Durchschnitte täuschen,** weil man z.B. Kosten für arme und wohlhabende Familien **addiert u. dann "mittelt". Trugschlüsse mit Verknüpfungen:** Menschen mit höchstem Einkommen geben am wenigsten für Energie aus. Ja, aber sie verdienen so viel, dass die E.- Kosten nicht ins Gewicht fallen, trotz Mehrverbrauch. **Bei Prozentangaben absolute Zahlen abfragen. Man versteckt große Zahlen.** BRD nur mit 2 % Co2 Klimakiller? Aber 10 Tonnen po Kopf, Anstieg wieder auf 600 Mill. Tonnen, siehe nachlassende Wirtschaft. **Relativieren - Auswahl der Vergleichsgrundlage +/-** Besser Vgl pro Person, da z.B. viel mehr Einwohner. **Veröffentlichungen ohne Vgl-Bezug, übernommen.** Beisp.: Je jünger, desto emanzipierter? Nein, im Gegenteil, sinkt durch die Altersgruppen ab, 35 % der Jugend glaubt, dass *ein Mann, der daheim bleibt, kein richtiger Mann sei.> Korrekte Zahlen, aber Herkunft "Austria" fehlt.*

Wahr oder Fake? Emanzipierter Mann heute

50% der Männer sind ohne Frauen ganz oder teilweise nicht lebensfähig, von den übrigen wohnen 25% noch bei Mutti, 5% lesen sich neuerdings als Frauen, 10% haben Haushaltshilfen, 5% sitzen im Knast und 5% sind ausgebildete Messis – oder so...

Trau deinen Augen nicht

PERSPEKTIV-WECHSEL HILFT!

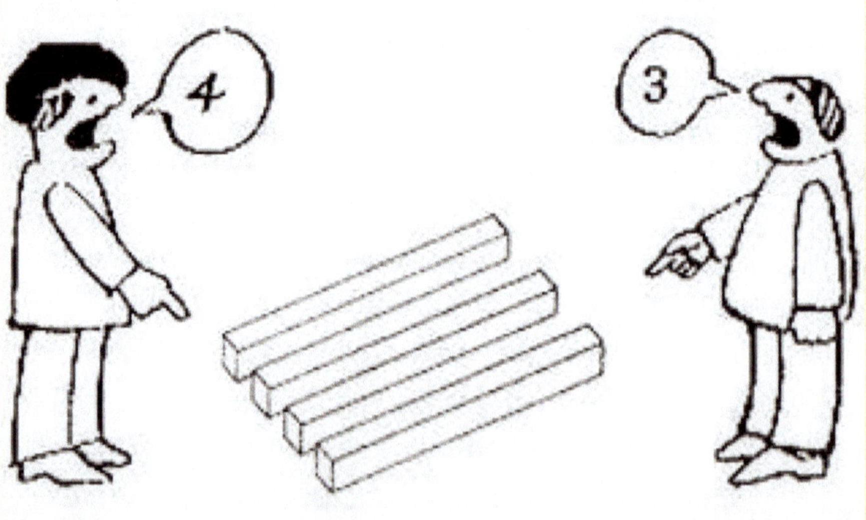

OHM LOTSE
Ein echter Rocker
ist Bankbeamter.

50

Der Andenmann

Draußen klingt Weltmusik
Direkt vor einem Shop
Spielt `ne Andencombo auf
Echt ein schönes Lied
Das gefällt nicht nur mir
Leute bleiben stehn
Alle wollen den Andenmann
und seine Flöter sehn

Ach das Lied, das kenn ich doch
vorhin, die Melodie
Spieln es schon den ganzen Tag
In Pausen sammeln sie

Eine Frau sagt „superschön",
ihr Lover kommt von dort
Der Andenmann hat sich verschluckt
Sie drängt ihn in den Shop

Schnell Glas Wasser, Andenmann
Vielleicht noch einen Schnaps?
Der Eingang ist total verstellt
verkauft seit Stunden nix
Andenmann muss aufs WC
Na, bitte, nur herein
Cola, Essen noch n Bier
Was darfs denn sonst noch sein >> *s.n.S.*

Danke Alter, cool, du echt
Er sagt er wär Student
Im 15. Semester,OO
lebt von Folklor-Musik

Er hasst die Flöten, scheiß Klamotten
kratzen, stinken schon
Was bleibt ihm übrig, keiner wär
ein echter Andenmann,

Das Flöten käm vom Walddorf her
Sie radebrechen deutsch
Nur dann gibt's Kohle
von den Deutschen
Wenn man „native" ist.

Er geht hinaus, der Andenmann
Kommt eigentlich aus Köln
Sie wärn auch Spanier, bei Bedarf
Hauptsach, die Leutchen zahln
PS.
Der Shopmann atmet auf, endlich
Andencrew im Bus.
Er dreht Metallica brüllend laut
und kehrt die Reste aus

Labyrinth Wettkampf

Stopp deine Zeit zum Vergleichen mit XY. Kopier dir vorher die Seite für weitere Versuche.

folge deinem
plan,
nicht deiner
laune

oder andersherum

OHM LOTSE
Fundamente des Lebens

Das besinnliche Wort zum Montag
spricht unser Ohm Lotse,
ein Ex-Sohn unserer Stadt:

Hallo Mitbewohner unserer
schönen idyllischen Stadt
Sind Sie gerade unterwegs,
in Eile, Hast?
Halt! Verweilen Sie einen Moment
Ist das, was Sie machen,
wirklich so wichtig?
Nehmen wir uns nicht alle zu
wichtig?
Ob wir etwas tun oder lassen?
Ob wir oder andere, wer, was,
Mann oder Frau, Spinne oder Laus?
Ist das, was Sie machen,
wirklich so wichtig. »»»

Nehmen wir uns nicht alle zu wichtig,
Ist nicht das Ende
stets das Gleiche?
Darum halten wir inne,
ein Stück weit und versammeln
uns, geben uns dem Augenblick hin
und überlegen:
Sollen wir wirklich wollen,
was wir nicht haben?
Geld? Um reich zu sein?
Denken Sie an die Mühen,
das Geld vor dem Fiskus,
aber auch dem Nächsten
zu verstecken.

Eine Freude, auf die eine Trauer folgt.
Eine Arbeit mit einem Lohn,
von dem man leben kann?
Ist auch das nicht relativ
Wie viele leben auch ohne Arbeit?
Oder haben zwei oder drei,
nicht nur eine?

Eine schöne Frau? Ein schöner Mann?
Lassen Sie 50 Jahre des Herrn
vergehn.
Sie werden genauso aussehen
wie das da neben Ihnen.
Geht das nicht auch von ganz alleine?

Schweigen wir also gemeinsam ein
Stück weit und lauschen der Stille …
Denn der Genießer genießt und schweigt
Darum lasst uns dem Laster frönen
Genau der könnte es sein,
der uns überfährt
in unserer schönen idyllischen Stadt

Hallo lieber Mitbewohner, der uns
überfährt. Sind Sie gerade unterwegs
in Eile, in Hast?
Halt, verweilen Sie einen Moment
Schweigen wir gemeinsam ein Stück
weit und lauschen der Stille ··

OHM LOTSE sagt:

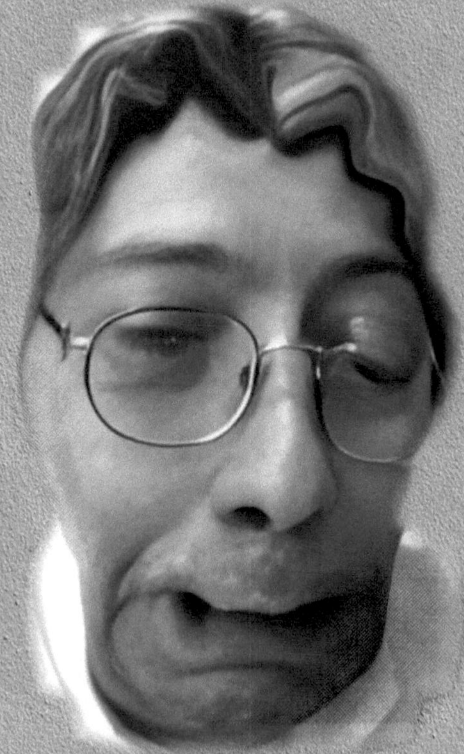

Jeder hat mal nen schlechten Tag! Aber jeden Tag?

Lebensqualität:

Geh in den Wald, leg dich ins Moos und tu nichts weiter, nur ruhig und tief einatmen. Hier bist du verbunden mit der Schöpfung, dem Werden und Vergehen, der Ewigkeit, den lebenden Wurzeln u. – den Waldameisen!

Nicht jeder Pilz ist gesund,
Vorsicht, mein Freund!

Morgenmuffel

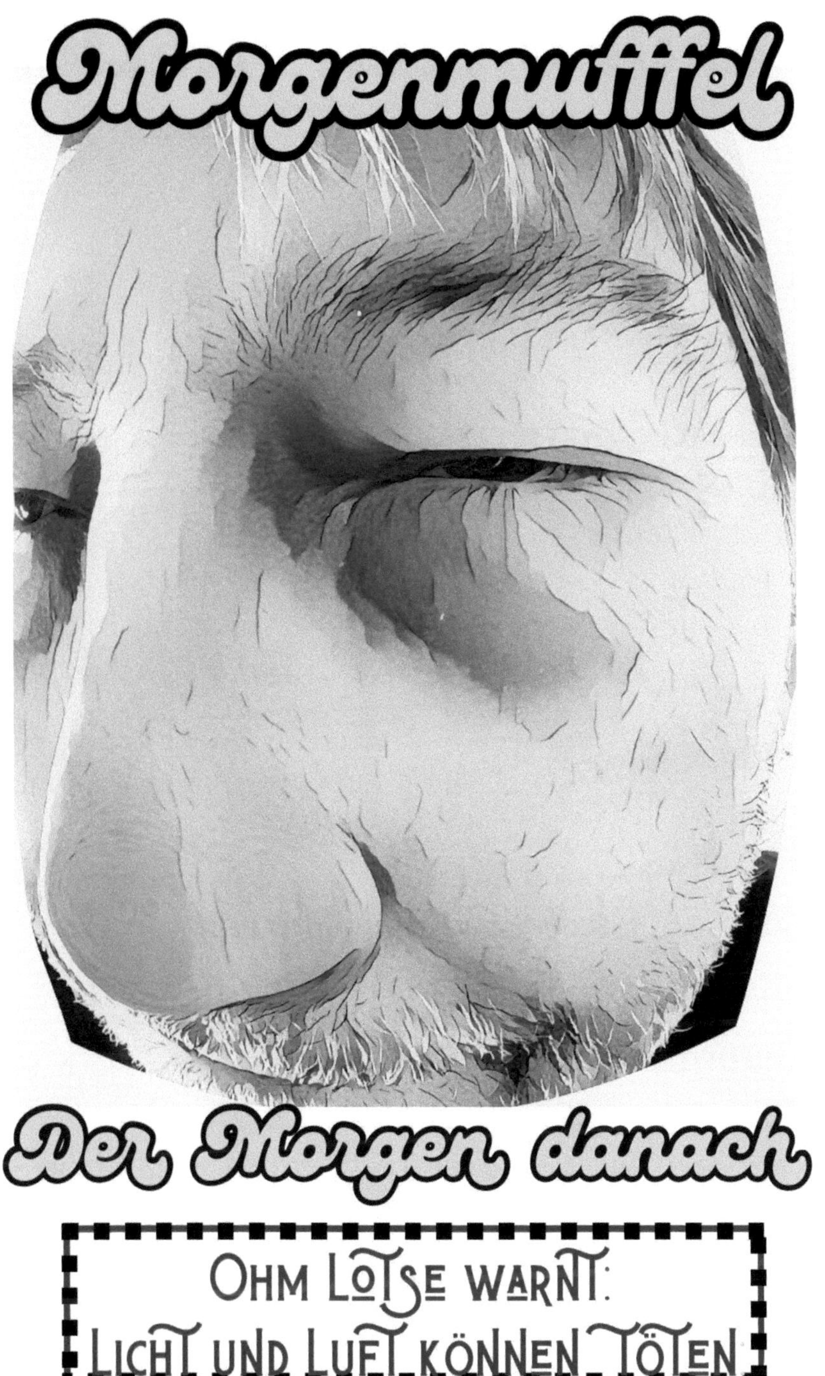

Der Morgen danach

10 ÜBUNGEN TÄGLICH

ZIRKEL -GYM

ROUND 1

HIGH PLANK	BACK PLANK	SIDE PLANK	BACK DIP	SQUAT
30 Sec jede	**30** Sec	**30** Sec	**10x**	**25x**

ROUND 2

SIT UP	DONKEY KICK	SUMO LEG STRETCH	SUMO SQUAT	RUSSIAN TWIST
30x Each	**30x** Each	**30x** Stretch	**20x** Squats	**25** Sec each

SPEZIAL FÜR -GYM MUFFEL

Unterm Tisch im Sitzen laufen, Kopf kreisen lassen, Arme nach hinten biegen, Beine mehrfach an Tischunterseite hochheben, Arme seitlich kreisen lassen. An der Tür mit gestreckten Händen abstützen, nur ein Bein vor. Im Sitzen Rumpf kreisen lassen, Füße kreisen lassen. Gesundheitsschlaf, Nickerchen hilft immer! Für Streber: Alles gleichzeitig!

12 Yoga Posen
zum leichteren Merken

Rückenbiege

Torschrei

Eistänzer

Köpfer

Das Dreieck

Der Diener

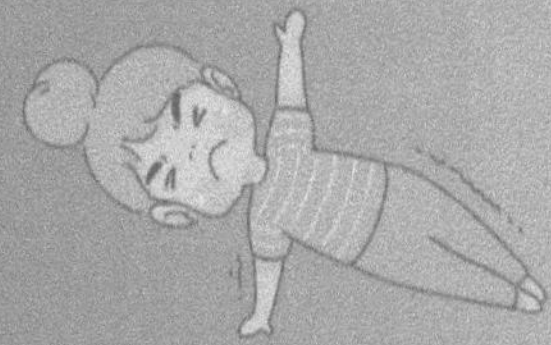

Seitenplanke

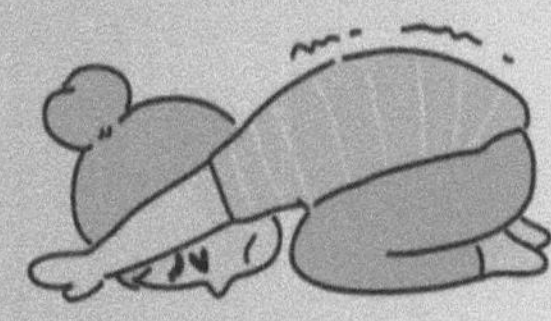

Kapitulation

Kobra

Embryo-Stellung

Die Mitte

Ziel: Zehe

Yoga for Eva

Der Bruder vom Yoga? Yokurt.
Sei eine Lampe für dich selbst, ok.,
aber was tun, wenn die Birne keine Leuchte ist?

Wenn einer während der stillen Meditation
„lauter" schreit, weißt du, dass du richtig bist.

Bei diesem Namen hätte man hellhörig
werden können: "Backwahn".

Der schlimmste Feind des Yoga? Der Fußpilz.
Ohms Bruder heißt OHEIM.
Chakras Schwester? Sakra!

Gehst du mit zum Vortrag vom berühmten
Yoga-Lehrer Ohm Lotse? Thema:
Die Entdeckung der Langsamkeit. Antwort:
„Da brauch ich dir bloß beim Arbeiten
zuschauen."

Das Wort Yoga als Körper- u. Geist-Verbindung
ist verwandt mit dem dt. Wort JOCH.

Haust du dir zum Bleistift mit dem Hammer auf
die Finger, kommt zum körperlichen Schmerz
auch der geistige.
Der Geist meldet „Idiot", das kann zusätzlich
belastend sein, daher „Joch".

Wenn nix mehr hilft, hilft

HUMOR

BELEG DIE PIZZA
MIT DEINEN LIEBLINGSZUTATEN!

**Satt mit Optik
ohne Gewichtszunahme**

Sieh das Gute liegt so nah und doch so fern!

Notizen

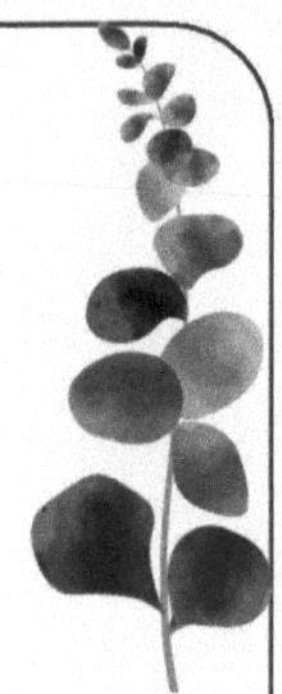

<u>*Lebensfreude*</u>

Was für ein Genuss nach einem Spiel,
den Kopf unter den Wasserhahn zu halten
und das kühle Nass zu schlürfen.
Das Wunder hält an, immer wieder.
Morgens einfach so das Wasser aufdrehen,
damit Zähne putzen duschen, kochen usw.,
jeden Tag genießen voll Dankbarkeit.

Ursprüngliche Bedeutung war phil. Lehre, nur für begrenzten "Personenkreis". Ein Glaube an verborgene, geheime Lehren, soll zu höherem Sein führen. Man gehört dazu. Und heute? Teufelsanb., Hexen auf Tiktok, biodynamische Lebensmittel, Horoskop, Alchemie, wirrer Philosophie-Mix, zig angebliche Meditationsarten, okkulte Formen u. Verschwörungstheorien. Vermischt mit extremen politischen Lehren diffamieren diese (Aber-) Glauben jede Vernunft der Fakten. Scharlatane, Irre, Aktivisten oder abgehalfterte Experten werden Wissenschaftlern vorgezogen. Andere holen sich fernöstliche Spiritualität ins Haus, werden abhängig von selbsternannten Guru/innen u. Brainwashing, ohne Bindung an Pflichten. Driften ab oder basteln sich Religion, egozentriert, mit bedeutsam klingender Begrifflichkeit und viel Brimborium. Nur noch tun, was allein dir gut tut. Keine Empathie mehr für andere oder das Ganze. Nur noch ICH. Was müssen nur die echten fernöstlichen Lehrer denken, wenn manche Touristen reale Heilkunst so gründlich missverstehen als schrankenlose Selbstverwirklichung ohne Rücksicht auf andere. Doch Freiheit hört da auf, wo die anderer beginnt, siehe GG. Solange es hilft, human ist, gibts kein Recht zu werten. Doch viele Auswüchse und die Geldmacherei werden von den Protagonisten verschwiegen oder weggelächelt.- Yoga u. praktische Therapien litten lange unter diesem Etikett, dabei ist es gratis, effektiv und jeder kann es tun. Ist im Grunde einfach Gymnastik mit richtigem Atmen. P.S.: Buddhismus heißt laut Rich. Gere für andere da zu sein. Man sollte ihn ernst nehmen.

Horch Hulda, hulda an Stuhl und hock di no. Streck die Ba aus, normol schnaufen. Nix mehr denken, des konnst du ja ausm FF. Riechst was? Schmeckst was? Hörst was? Sixt wos? Konzentrier dich drauf. Jetzt jeden Rest Muskel einzeln anspannen u. wieder entspannen. Tief Luft holen, in die Nosn nei, durchn Mund naus. Und jetzt stellst da a goldgelbe Semmel und a Paar ogebrannte Bratwerscht mit Sempft vor und beißt nei. Ahh! 5-10 min. Und alles wiederholen. Loss das schmecken!

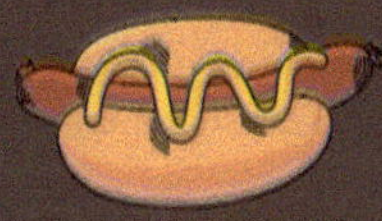

DA KAM DER KOCH ...

BEKAM SIE DOCH

Ohms Sprachenrätsel:
Rate, was die Sätze bedeuten und wie die Sprache heißt.

Saluton! Bonan tagon!
Kiel vi fartas?
Bone, dankon! Kaj vi?
Kiel vi nomigˆas?
Mia nomo estas...
De kie vi venas?
Mi venas el Germanio.
kelkaj simplaj esprimoj

Esperanto.
Einige einfache Ausdrücke
Ich komme aus Deutschland.
Woher kommst du?
Mein Name ist...
Wie heißt du/ihr/heißen Sie?
Gut danke, und dir/Ihnen?
Wie geht es dir/euch/Ihnen?
Hallo, guten Tag.

OHM LOTSE:
TRATSCH ENTLASTET

Tratsch ist
Futter für die Seele

Provinz ist die Wiege der Kreativen

NÜTZE DIE NACHT! MACH DICH AUF UND TRÄUM DICH IN NEUE WELTEN!

Huhu Huhuchen!
Nicht jeder ist zum Nachtgespenst geboren…

SCHÖNHEIT DER WELT

OHM: Augenschmaus?
Schöne Ecken gibts überall,
auch in Berlin

Ohm erinnert sich

"Niemand hat die Absicht ...!"

Ohm Lotse sagt: "ja, leider!"

"Auferstanden aus Ruinen, aus Geschichte nichts gelernt" Sarahlinde und Elise, neue Mauer, neuer Staat."

Ohms Rätselwitz: Brüller!

„Ich hätte mein Leben natürlich tausendmal lieber in der DDR verbracht als in dem Deutschland, in dem ich jetzt leben muss."

Saralinde Wagenrad

Ohm warnt eindringlich:

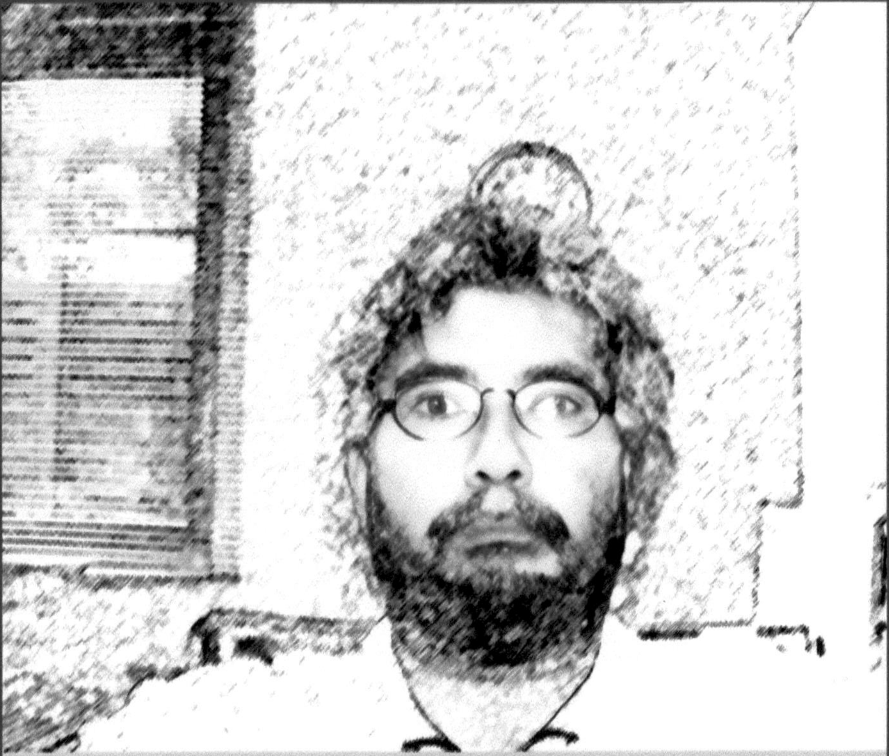

schon gar nicht

<u>Vandalenparty</u>

10 Graffiti-Sprayer beschmieren eine Wand
9 Stümper können null, nur einer hat Talent
Uwe sagt „Ey Kleiner, schmierst du an mein Haus,
dann stopf ich dir die Dose
samt Pinsel in den Arsch."
Uwes Sohn macht Party im öffentlichen Park
lässt alles liegen, Trash ist cool
fühlt sich superstark
Sein bester Freund der Benny spuckt ,
wo er geht und steht:
„Bist du Chinese", fragt ne Frau
Und Benny lacht sich schlapp
Hoch-Zeit für Vandalen, sich im Chaos aalen
Andern Menschen schaden, Hoch-Zeit für Vandalen
Sie droht ihm mit Herrn Knigge,
„Dem hau ich auf sein Maul"
Ihr Köter hat sich breitgemacht, kackt die Wiese voll
Ingrid hat sich festgeklebt, mit ` ner Tube Uhu
Sie jammert „blöder Postkurier,
das war mein teurer Schuhu"
Das Festival ist aus, Berge voller Müll
Der Reibach floss, das Motto hieß, "Umwelt leben",
toll, die Gaffer gaffen und
blockiern die Rettungswagenfahrt
Sie bauen Campingstühle auf, grillen teutsche Wurst
Die Polizei wird angespuckt, ein kleines Kind
geschlagen, die Menge kennt kein Halten mehr,
Hoch-Zeit für Vandalen

Lotse meint:

Flucht ist ein Zeichen von Intelligenz

Die Badei, die Badei

hat immer recht

LOTSE MEINT: IGITT

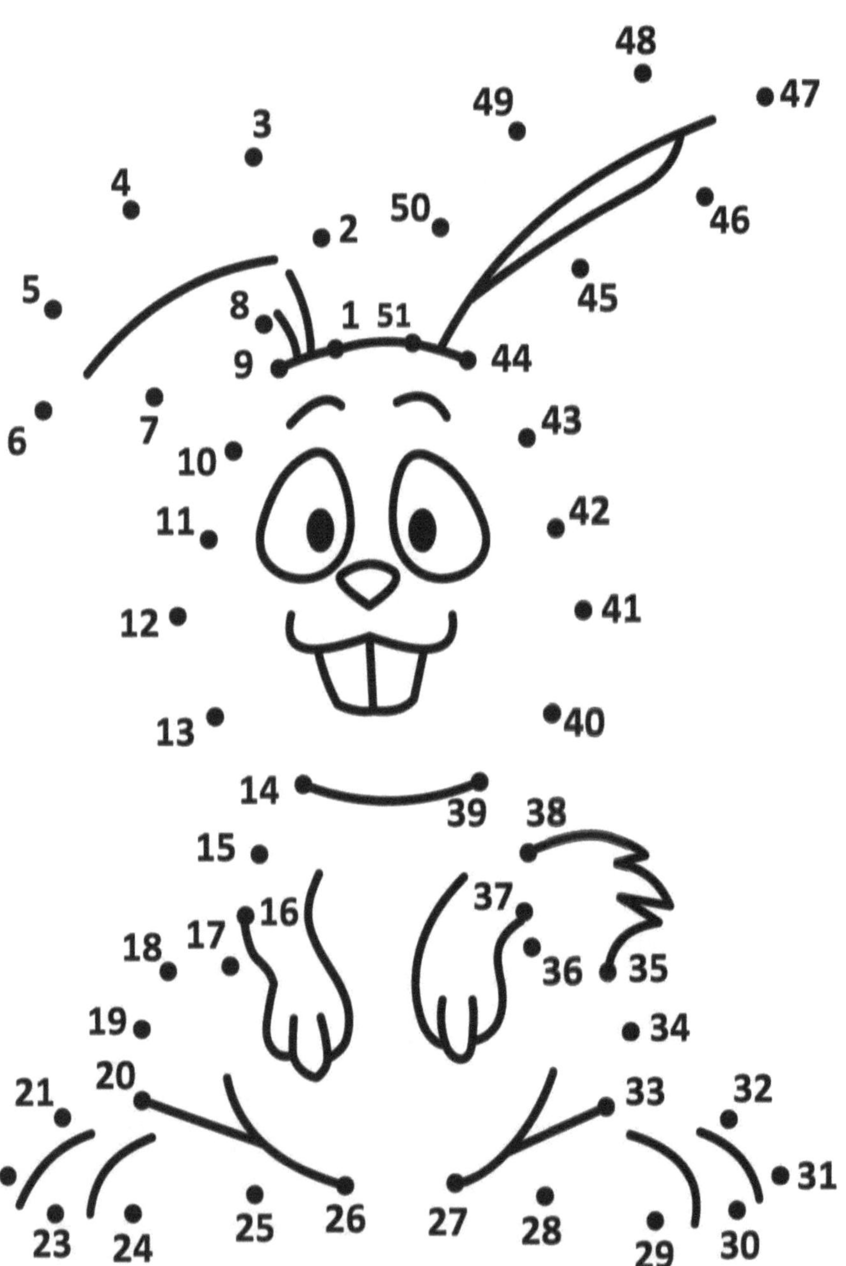

A	L	I	K	R	A	F	T	Y	S	O	K	M	Q
T	I	Z	D	W	U	E	O	U	P	M	U	T	D
G	E	K	E	R	W	E	Q	I	U	F	C	N	D
W	B	E	E	N	E	R	G	I	E	W	H	Ö	L
S	E	A	F	Ä	D	F	R	E	U	D	E	A	Ü
X	S	C	H	O	K	O	L	A	D	E	N	D	Y
C	G	B	F	T	U	L	J	K	V	Y	A	N	F
V	L	K	S	C	S	G	L	Ü	C	K	Y	Ö	D

Ohm: *Nach Fehlschlägen einfach etwas Leichtes suchen, wo du sicher sein kannst, ein Erfolgserlebnis zu haben. Das baut auf!*

Ohm: Macht & Kohle - Tech-Firmen regieren die Welt

Den Abenteuerurlaub mit neuester Ballontechnik hatte ich bei Murx bestellt, doch als wir in der Stratosphäre ankamen, machte ich mir doch langsam Gedanken, ob wir denn noch auf dem richtigen Kurs waren. Egal, die Aussicht war great.

Erst war die Erde dran, nun schrotten sie den Weltraum mit noch unbekannten Folgen. Und: Muss man wirklich Space-Tourismus für gelangweilte Superreiche machen, mit verheerender Umweltbilanz pro Kopf, Tonnen von Treibstoff beim Start plus Logistik und Material? Dafür spenden sie dann ein paar Millionen, die andere für sie erarbeiten. Und fressen die Weltenergie.

DAHER WEHT DER WIND
MURX BAUT JETZT TAUSENDE MINI-REAKTOREN. ABSOLUT SICHER! KI-WIRTSCHAFT BEGEISTERT!

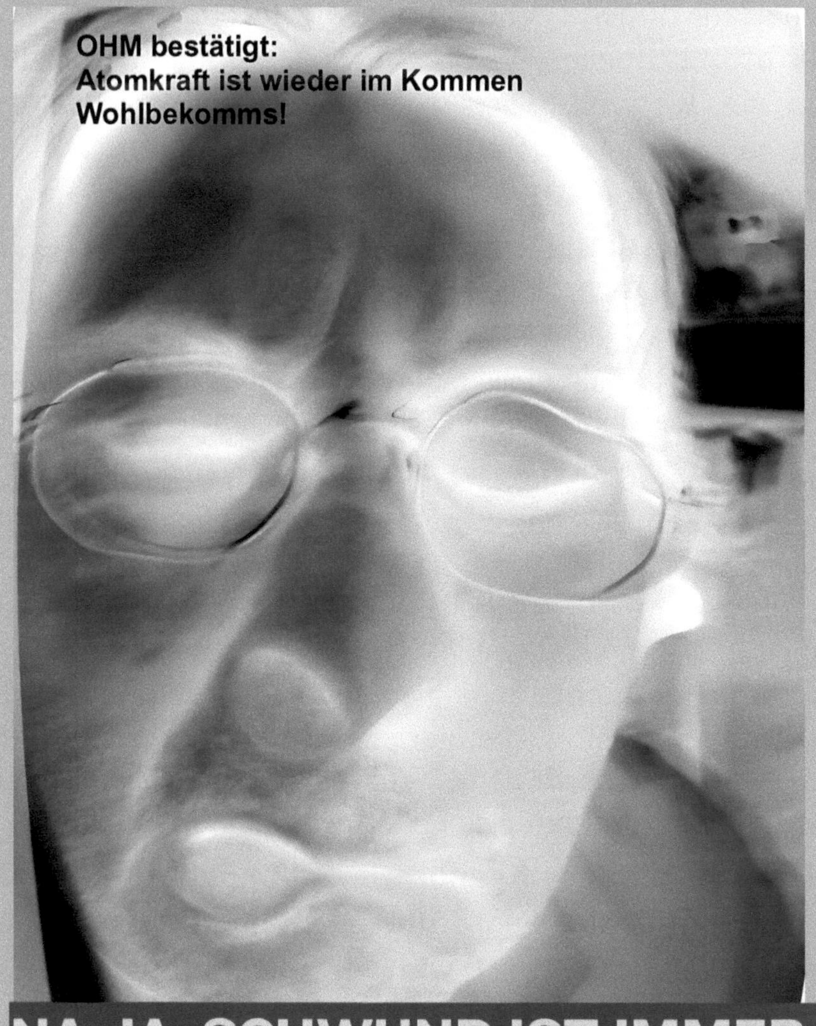

OHM bestätigt:
Atomkraft ist wieder im Kommen
Wohlbekomms!

NA JA, SCHWUND IST IMMER

Artenvielfalt & Nahrungskette
Unsere Lebensgrundlage

Algen und Bäume: Sauerstoff
Bienen und Insekten: 2/3 der Feldfrüchte (Gemüse, Kaffee, Kakao, Obst) brauchen natürliche **Bestäuber.**
Tierartenvielfalt: Wölfe regeln **Überpopulation** von Pflanzenfressern, also Vorsicht Freunde ...
Ameisen: Boden-Baum-**Bindeglied**, lüften Erdboden, Holz verrottet schneller. Sie durchmischen und bauen Erde um, bis sie wertvoll wird. Ähnlich wie Regenwürmer ein **Wasserspeicher** gegen Überschwemmung sind.
Plankton: bindet CO2.

Artensterben bei uns: 75% aller Insekten weg, Vogelbestände in Agrarlandschaft zu 30 % in 25 Jahren u.v.m.: Weniger düngen, mehr Ökoland, eigene Gärten "verwildern" lassen, mehr priv. Futterstellen, Bäume, die Moore schützen, Klimaschutz, mehr Naturschutzgebiete, weniger Boden versiegeln und und und ...

Aussehen und Fähigkeiten - Mittel zum Überleben
Adlerauge kann viel besser sehen, eine Katze aus großer Höhe unbeschadet fallen, Krokodile viel stärker zubeißen, Floh kann das 150-fache der eigenen Körperlänge springen. Käfer oder Ameisen viel mehr Gewicht stemmen. Grubenottern können mit Gesicht Infrarotsrahlung aufspüren. Echsen werden durch Parasiten zu Zombis, die Blut spritzen können. Jeder Delphin schwimmt bessser. Chameleons haben super Glubschaugén, sehen extrem gut. Affen sind Klettermaxen.

Die Natur pfeift auf genormte Schönheit, denn Anderssein bringt evolutionäre Vorteile. Wir sind das komplette Mängelwesen, egal wie wir uns herausputzen, wir können nix gescheit. Aber von allem etwas.

Pflanzen, Tiere & ein Mängelwesen

Wer kann Parfüm produzieren?

Der angenehme Geruch nach Regen wird „Petrichor" genannt. Dieser Duft entsteht durch die Freisetzung von chemischen Verbindungen, inklusive eines Öls, das von Pflanzen während trockener Perioden produziert wird, u. Geosmin, das von bestimmten Bodenbakterien erzeugt wird, wenn der Regen auf den Boden trifft.

Fördert Klassik das Wachstum?

Einige Studien legen erneut nahe, dass Pflanzen/Tiere auf Musik reagieren können. Untersuchungen haben gezeigt, dass bestimmte Frequenzen und Arten von Musik das Wachstum und die Gesundheit beeinflussen können. Man stellte fest, dass klassische Musik das Wachstum fördert, während vor allem Lärm negative Effekte haben kann. (Anm.: *Vivaldi am Morgen* auch für Schulen als Stimmungsaufheller geeignet!)

Wer kann leuchten? Tier oder Mensch?

Viele Meeresbewohner, darunter einige Fische, Quallen u. Plankton, sind fähig zur Biolumineszenz, bei der sie Licht durch körpereigene chemische Reaktionen erzeugen.

Wer überlebt im Weltraum? Tier oder Mensch?

Wasserbären (Tardigraden) sind mikroskopisch kleine Tiere, extrem widerstandsfähig; können in den extremsten Umgebungen überleben, einschließlich des Vakuums des Weltraums, intensiver Strahlung und extremer Temperaturen. Sie gehen in kryptobiotischen Zustand über, bei dem sie nahezu vollständig austrocknen, ihre Stoffwechselaktivitäten einstellen, bis die Bedingungen wieder lebensfreundlich sind.

Wer überlebt die Giftkeule und Radioaktivität?

Kreuzresistente Schaben (Kakerlaken) überleben die chemische Keule und werden immun. Außerdem vertragen sie 10 x mehr radioaktive Strahlung. Fast so gut wie die Betonboxen, die Putler (!) als Schutz für die Bevölkerung gegen Atombomben einsetzen will. Brüller!!

Tri tra trullala, tri tra trullala
Kasperle ist wieder da

NOT TO-DO LISTE

Sie sind längst
unter uns!

Ohm lobt: Genau so!

Ohm: Ein Lebenskünstler ... 
lächelt Schmerzen einfach weg

BILDREISEN
sind Traumreisen

OHM empfiehlt das Opernaus Bayreuth als Augenschmaus und zur
eigenen Demut – angesichts der Dimensionen von Geschichte.
Setz dich rein, möglichst allein, ein Zeitsprung versetzt dich
zurück in die Welt der Markgräfin Wilhelmine, der wir den
wundervollen Bau zu verdanken haben,

G. Bauernfeind geb. 1879

Ohm

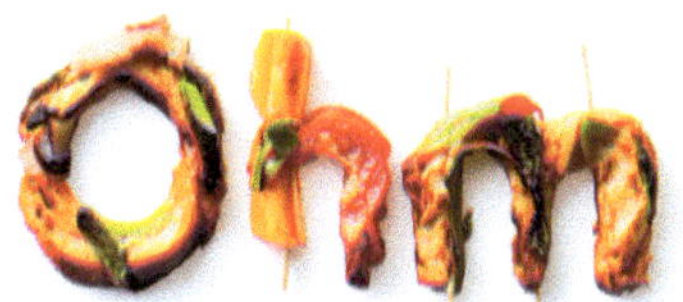

weiß es

Erleuchtung kann man sehen

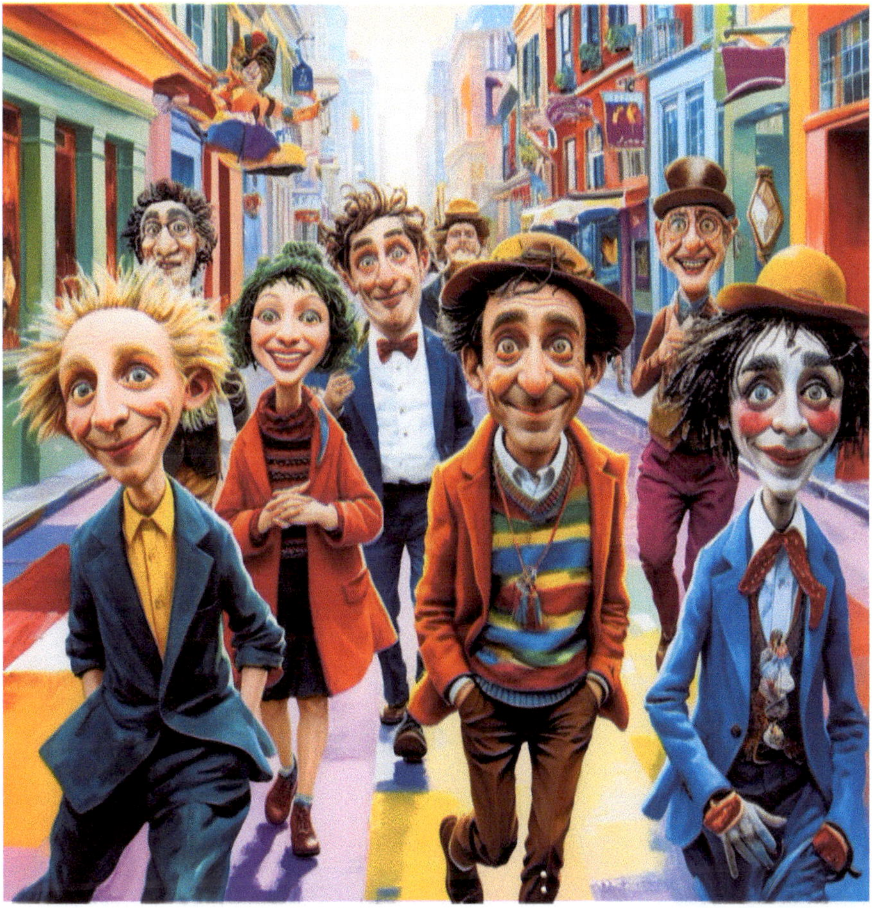

Doch nicht jeder ist ne Leuchte

Geliebtes Leben

Aus dem Fenster sehen, wenn es regnet,
rausgehen, die gereinigte frische Luft
tief einatmen, den fallenden Tropfen zusehen.
Man verfällt in eine wunderbare Melancholie,
entspannt ohne Hilfsmittel und fühlt sich
hinterher wie die Luft, rein und klar ...

Ohm stellt klar:
Nicht jeder,
der Wein trinkt,
predigt auch Wasser

Ohm mag keine Moralpächter

Bevor du predigst, fang bei dir an. Wirf als erstes dein Handy weg. Verabschiede dich auch von allen Netzaktivitäten. Denn die riesigen Server verschlingen Unmengen von Energie und verursachen schwere Umweltschäden.

OHM fordert:
Aufeinander hören!
(!)

KOPFLOSIGKEIT VERMEIDEN

(D)ein
Gedicht

Ohm aus Erfahrung:

Du hast mehrere Leben.
Nütze jedes voll aus!

Einen Tag lang

Schreibe eine nette SMS an die Familie oder Freunde.

Heb irgend-etwas auf, was andere wegwarfen.

Mach ihm oder ihr oder beiden einfach so ein Kompliment.

Such mal seriöse Quellen und schenk dir Wissen.

Kein Alkohol, nicht rauchen oder kiffen.

Sei ehrlich, sag, was du denkst!

Lächle jeden an, den du heute siehst.

Sag bitte danke.

Lob mal dein Haustier und sprich mit ihm.

Frag die ältere Nach-barin, ob du für sie was mitbringen sollst.

Sage einem Menschen, wie sehr du ihn schätzt.

Schenk Kindern Zeit.

Lass andere erzählen und hör zu.

SM-Pause, Daddel-Pause. Handy out.

Tu, was du noch nie getan hast!

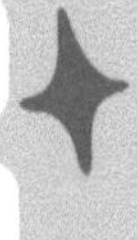

Zeig ihm/ihr (oder beiden) deine Liebe!

Wegwerfmode

Umweltverschmutzung, Kinderarbeit und Ausbeutung - alles vergessen, wenn sie einen Trendshop mit (Billig-) Wegwerfmode entdecken.

P.S.: Gilt für alle Geschlechter!

Ohm: Steh zu dir!

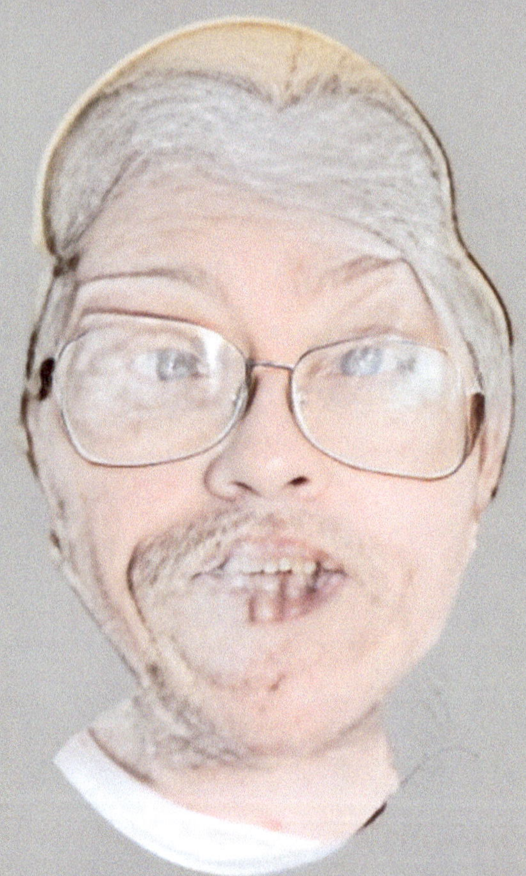

HÄSCHDECK: WISCH MICH!

108

Achtsamkeit ist unteilbar

Erklärung der Tiervereinigung
"Animal-Aufstand" zur Gleichstellung
von Sprache bei Tieren.
Folgende Sprachformen setzen wir
auf den Index:

Fette Gans, dummer Esel, blöde Kuh, schräger Vogel, alter Falter, Trampel(-tier), hässliches Entlein, Pferdearsch, Fliegenschiss, hinterlistige Natter, Schluckspecht, Kuckuckskind, dummer Hund, falsche Schlange, hinterlistige Natter, Gewitterziege, Wildsau, Mondkalb Krokodilstränen, Dreckschwein, blindes Huhn, Angsthase, Schnapsdrossel, Schweinigel, Neidhammel, Affentheater

Diskriminierung hört nicht beim
Menschen auf! Ihr wollt uns damit
die Würde nehmen, uns wie Sachen
behandeln, ihr Arschgeigen!

Mach keinen Mist mehr, no drugs, stell mich nicht mehr auf jeden Misthaufen, fang nix mehr mit neuen Hennen an. Nehm keine Anabolika mehr, bin deshalb zu schwach für die Hahnenkämpfe. Verlass den Hof nicht mehr, räum sogar brav meinen Mist auf. Stolzier nur noch herum zum Körnerpicken, kümmer mich um die vielen Kinder. Ich hab mich wirklich geändert für sie. Und nu? Nannten mich diese blöden Hennen einen alten, langweiligen Gockel. Jagen und zerrupfen mich, machen sich lustig über mein Krähen. Sie bräuchten mich nicht zum Eierlegen und für die Küken wollten Sie einen richtigen Hahn, wie den vom Nachbarn. Dann feixten alle hinter mir her, als der Bauer kam . . .

Wolle ma se reinlassen?

Es ist die Verwandtschaft

FAKIR WERDEN?

Eisige Höhlen, wochenlang ohne
Essen, Herz steuern können, in
Trance Scherben verschlucken u.v.a.

ABENTEUER-URLAUB
ALS FAKIR-AZUBI

Vom Balkon aus sahen wir, wie er losstiefelte,
barfuß! Er kam 10 Meter weit, dann schrie er
hoch: „Ey, meine Füß brennen!" Ach was!

„Oheim, lass den Scheiß,
komm zurück ins Hotel,
Frühstück wartet."
„Ja, okay!"

Balkonfoto

BRUNCH

CLASSIC AMERICAN:

- Buttermilk pancakes topped with butter and maple syrup
- Crispy bacon or sausage links
- Scrambled eggs with chives
- Freshly squeezed orange juice
- Hot coffee or tea

MEXICAN BRUNCH:

- Breakfast tacos with scrambled eggs, chorizo, diced tomatoes, and cheese
- Refried beans with cheese
- Chilaquiles with avocado
- Freshly squeezed limeade
- Hot coffee or tea

VEGAN BRUNCH:

- Tofu scramble with turmeric, kale, and cherry tomatoes
- Vegan breakfast sausage or tempeh bacon
- Sweet potato home fries with rosemary
- Green smoothie with spinach, banana, and almond milk
- Hot coffee or tea

MEDITERRANEAN BRUNCH:

- Shakshuka with poached eggs, tomatoes, bell peppers, and feta cheese
- Pita bread with hummus and baba ghanoush
- Greek yogurt with honey and fruit
- Freshly squeezed grapefruit juice
- Hot coffee or tea

**Besser Hasi als Schnurzel-Purzel,
Mausebär, Schuckiputz, Schnarchnase,
Pupsi, Specki, Spatzi, Mopsi, Mausezahn,
Hoppelchen, Schmusekater, Schnuckel,
Depp, Sackgesicht, Doofi, Trottel,
Schnulli, Faulpelz, Stinker, usw.**

Lotse rät:
Beleidigte leberwurst?

KOSTET NUR ZEIT

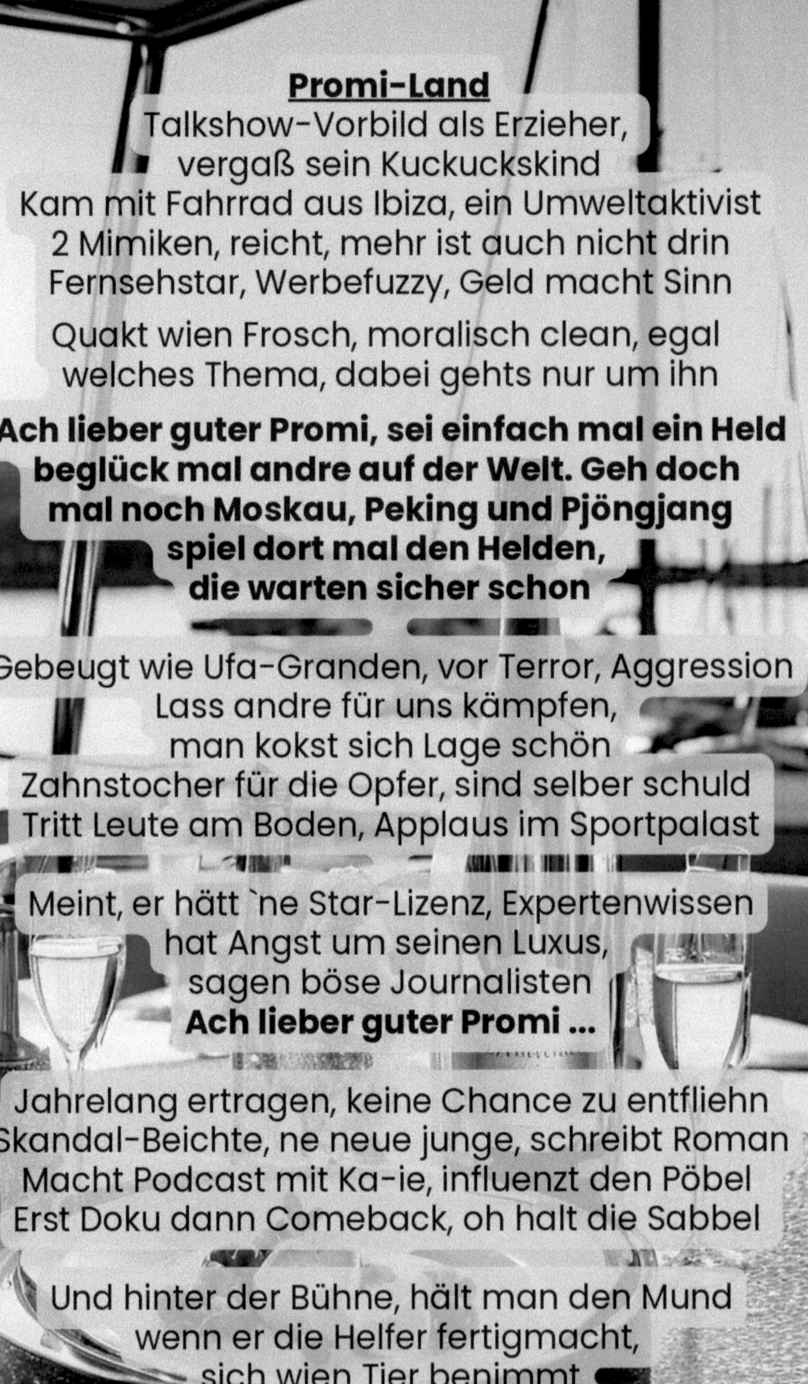

Promi-Land

Talkshow-Vorbild als Erzieher,
vergaß sein Kuckuckskind
Kam mit Fahrrad aus Ibiza, ein Umweltaktivist
2 Mimiken, reicht, mehr ist auch nicht drin
Fernsehstar, Werbefuzzy, Geld macht Sinn

Quakt wien Frosch, moralisch clean, egal
welches Thema, dabei gehts nur um ihn

**Ach lieber guter Promi, sei einfach mal ein Held
beglück mal andre auf der Welt. Geh doch
mal noch Moskau, Peking und Pjöngjang
spiel dort mal den Helden,
die warten sicher schon**

Gebeugt wie Ufa-Granden, vor Terror, Aggression
Lass andre für uns kämpfen,
man kokst sich Lage schön
Zahnstocher für die Opfer, sind selber schuld
Tritt Leute am Boden, Applaus im Sportpalast

Meint, er hätt `ne Star-Lizenz, Expertenwissen
hat Angst um seinen Luxus,
sagen böse Journalisten
Ach lieber guter Promi ...

Jahrelang ertragen, keine Chance zu entfliehn
Skandal-Beichte, ne neue junge, schreibt Roman
Macht Podcast mit Ka-ie, influenzt den Pöbel
Erst Doku dann Comeback, oh halt die Sabbel

Und hinter der Bühne, hält man den Mund
wenn er die Helfer fertigmacht,
sich wien Tier benimmt
Kriminell egal, wenn die Quote steigt
**Idole für Nachwuchs im Promiland,
im Promiland !   Ach lieber guter Promi ...**

Die Namensgebung

Früher war die Namensgebung recht einfach, heute könnte sie zu einem epischen Abenteuer werden. Mokierst du dich über Kindernamen von Stars? Aber du kennst doch das Bedürfnis, aufzufallen - um jeden Preis. Was auch unsere Gesetzgeber fördern, zur leichten Befriedigung ihrer Klientel inklusive der Lautsprecher, wenn auch sonst wenig klappt. Wenn ein Kind eines Fußballstars den Ortsnamen "Brooklyn" trägt, andere *Banjo, North West, XYZ* oder *Apple* heißen, wird man bald feststellen, dass ein Run auch bei uns stattfindet. Der Druck, die Stars zu imitieren, kennt keine Grenzen. Wenn diese Kinder später ihre Namen satt haben, ändern, ist das keine Zeile wert. Die Normalbevölkerung weiß, dass es keinen Namen gibt, den man nicht veräppeln kann. Ideal zum Verballhornen sind gerade solche exzentrischen Versuche, unbedingt anders sein zu wollen. Namen in der Schulzeit sind tatsächlich eine bis ins Erwachsenenalter schmerzende Wunde.: „Ja schaut, da kommt ja unser dreifacher Vater, hallo *Fiktor*." Ist Immer gut für einen Brüller. Promikinder hingegen begreifen schnell, dass ihre Namen egozentrische Gründe der Eltern haben. So änderte die "Pusteblume" (Dandelion) von Keith Richards dies schlicht und einfach in Angela um.- Dad möchte etwas Einmaliges, das in einer höheren Schicht angesiedelt ist. Möglichst adelig. Vorname Prinz, Nachname William? Wie wärs mit "Galaxia Sternenstaub" oder gar "Sir Lancelot der Dritte"? Namen werden Statements, Manifeste der Persönlichkeit und manchmal auch kleine Rätsel, die den Standesbeamten ins Schwitzen bringen. Der Schussel möchte Schussel heißen, mit Vornamen Dementius. Die Tochter heißt jetzt Bitchy, Vorname Geila. Das bringt mehr Influenzer-Aufträge. Man schüttelt den Kopf und bedauert die Kinder.

Rezeptkarte Nr._

NAME

ZUTATEN

SCHWIERIGKEIT

PORTIONEN

ZUBEREITUNG

ARBEITSZEIT

BEWERTUNG

NOTIZEN

Schnittmengen

Gröfaz aß Dinkelsuppe. Braune NS-PR hetzte gegen jede Impfung. Gröfaz von NS-Elite als Yogi angesehen. Selektive Kultur. Manche Veggie-Trendläden haben Speisekarte vom Obersalzberg "kopiert".

Schon damals Einvernahme altindischer Philosophie. Buddhismus, Yoga zur Körper- u. Selbstbeherrschung. Altgermanischer Kult wurde ideologisch benützt, Okkultes integriert. NS gegen Schulmedizin, wollten dt. Naturheilkunde/Dt. Medizin. (Heilpraktikergesetz von 39). NS-Ärzte beteiligt am Rassenwahn. Heute? Selbstinszenierung als Systemopfer. Natur heilt alles, wenn doch nicht, bin ich selbst schuld. Darwin Auslese! Siehe auch Beschimpfung der Deutschen am Kriegsende durch den Gröfaz. (Deutsche zu schwach …)

Firmen finanzieren Stiftungen > so bezahlt man Studien > kauft Dozenten > Medien PR > Umsatz steigt, >Abbruch der Studie von seriöser Klinik, da Wirksamkeit des Wundermittels gegen Krebs gleich "null". Geht unter, keine Reaktion. Hype bleibt.

NS-Ideologie wabert weiter: Nicht wenige "vom Pöbel verdrossene" Eliten predigen Wasser und leben Wein, wenn's einem selbst dient: siehe Waldorfschulen. Laut Vordenker *Steiner* sind weiße Europäer die Spitze, alle anderen minderwertig. Plus weitere Aussagen, u. a. zur Anthroposophie, sowie auch gern Übernahme "verquaster" Theorien aus verhasster "Besiegermacht" USA.

"Querdenker": Inhomogene Gruppe mit teils konträren Ansichten. Definiert sich über Feindbild-Parolen, bestimmt Wahrheit selbst.. Staat an allem schuld, totalitäre Ansichten, Demokratie dekadent. Man wartet im Grunde wie einst auf den einigenden Führer. - **Vergessen?** Anfangs gabs bei den Grünen auch noch braune Splitter von "Blut & Boden".

Liebe Staatsverdrossene: Bitte lasst eure Kinder immunisieren gegen typ. K.-Krankheiten, lasst sie nicht euren Frust ausbaden. Informiert euch, wie Krankheiten damit ausgerottet oder entschärft wurden. Besten Dank von einem leidgeprüften ärztlichen Freund. (Polio im Abwasser! Früher 90%, jetzt nur 30% geimpft bis zum 1. Jahr, Fälle von Mpox)

Trial-Error ist wissenschaftliche Methode. Irrtümer, Fehler werden aber von Gegnern generalisiert oder sachfremd übertragen.

Ohms Test Echte Liebe?

Klammern

Eifersucht

Vorwürfe

Egoismus

Treuebruch

Schreien

Chaos

beleidgt sein

Mehr Zeit für andere

Herumzicken

Nörgelei

Tiraden

Misstrauen

Verschwendung

Einsamkeit

Faulheit

Einmischungen

Probleme totschweigen

auf andere hören

Wutausbrüche

Manieren

Wow - und das ist erst der Anfang. Umfang steigt in der Ehe je nach Verlauf: Du liebst mich nicht, du hast schon wieder die Zahnpastatube offen gelassen, du hörst nicht zu, du bist gemein, ...

Das gute Gefühl

Ich weiß, es klingt dumm,
ich weiß nicht warum,
doch ich hab ein ... **gutes Gefühl**
Ich hab nichts getan, es ist nichts geschehn,
doch ich hab ein ... **gutes Gefühl**
Heiter und froh, wie die Motte im Stroh
Ja, ich hab ein **gutes Gefühl**
Schulden wie Sau, der Sohn wieder blau
Doch ich hab ein **gutes Gefühl**
Die Frau hat Affaire, das Haus gähnt vor Leere
Doch ich hab, ein **gutes Gefühl**
Der Zahnarzt muss bohrn, der FC hat verlorn,
doch ich hab ...nein, jetzt reichts, das ist zuviel
Ein scheieieieieieiß Gefühl
Das Wetter ist mau, ich brauch ne Frau
Doch ich hab, **ein gutes Gefühl**
Sie steht an der Bar, mit dem Rücken zu mir
Doch ich hab, **ein gutes Gefühl**
Sie dreht sich um, sie liest sich als Mann
Für heut reichts dem
scheiß Gefühl
Ich geh ins Bett, am nächsten Tag
Da hab ich ein **gutes Gefühl**
Sag nicht, du spinnst
Ich bleib Optimist
DU machst mir mein gutes Gefühl ... ein so gutes Gefühl
Bis Samstag dann der FC hat verlorn, doch ich hab ... nein,
das ist zuviel, ein Scheijeijeiß Gefühl ...

Anspannung Entspanung

FOLGE DEINEM HUND

COCKTAIL
M E N U

PINA COLADA
rum, coconut cream, pineapple juice

MARGARITA
tequila, orange liqueur, lime juice, salted rim

CLASSIC MOJITO
rum, fresh mint, lime juice, soda water, sugar

COSMOPOLITAN
vodka, orange liqueur, cranberry juice, lime

WHISKEY SOUR
bourbon, fresh lemon juice, simple syrup

GIN & TONIC
gin, tonic water, lime wedge

Ohm bedauert:
NUR SENDER

UND DIE EMPFÄNGER ZAHLEN.
DÜRFEN ZUR ABLENKUNG KLEINE
HESCHDECKCHEN STRICKEN.

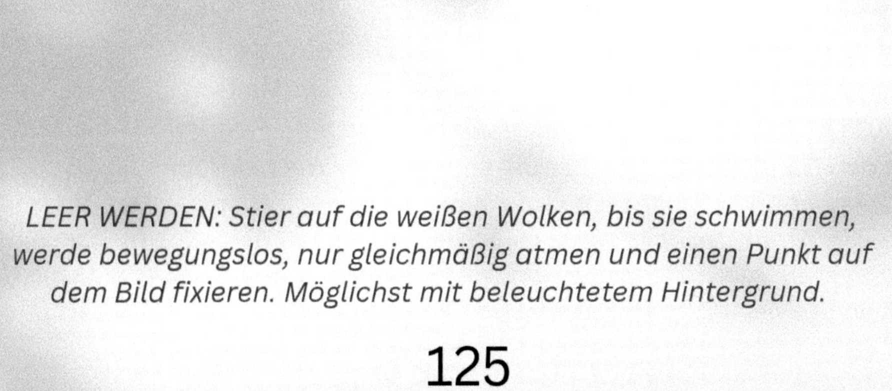

LEER WERDEN: Stier auf die weißen Wolken, bis sie schwimmen, werde bewegungslos, nur gleichmäßig atmen und einen Punkt auf dem Bild fixieren. Möglichst mit beleuchtetem Hintergrund.

Ohm: Tiere sind Partner -keine Untertanen

Spiel Orca gegen Segelboot

Spiel um den Thunfischpokal, Ort: vor Gibraltar.
Ergebnis: 15:0 für Orcas Spiel. **Segelboot** versenkt.
Spielverlauf: Wir gratulieren den 15 Orcas, die ihr Revier
nach kurzem Kampf verteidigten und das Schiff
komplett versenkten. (Seel. gerettet.)

Spiel: Wolf gegen Tierarzt

Ort: Hanauer Wildpark. **Spiel um Nachwuchspokal.**
Teilnehmer: Wolfsrudelboss, Tierärzte
Spielhandlung: Mehrfache Sterilisation.
Spielergebnis: X:0, Glückwunsch an Romulus für
mehrfachen Nachwuchs.

Historie: Gewinnerin d. Killerpokals: Tigerin von Champawat
(in Nordindien, bis 1907) mit 436 registrierten Menschen.
Australien: Wanderin gegen ausgehunderte Kojoten
wg. Fehlen von Kleintieren: **Spielhandlung:** Nahrungs-
mangel. **Erg.:** Rudel ist satt!

**"Die Vorfälle, in denen Mensch u. Tier aneinandergeraten,
nehmen zu", sagt z.B. die *Wissenschaftlerin Bradshaw*.
Es gäbe einen Anstieg der Gewalttaten der Wildtiere.**

„Die Tiere reagieren nicht mehr artgerecht", **sagt sie,** *"als Vegeta-
rier hätten viele keinen Grund, Menschen zu töten."* **Aber Keulung,
Jagd sowie Raub des Lebensraums zerstören die Sozialstruktur:**
*„Die Tiere haben verstanden, dass sie nur einen Feind haben –
den Menschen." (Ausnahme: Rettungszucht)*

*Jumbo, Knut und Pu greifen an, wir sind nur eine weitere
Sorte Fleisch. Krokodile sind dabei führend. DerMensch
muss froh sein, wenn sich nicht zunehmend eine Feindinfo
in den Genen festsetzt oder als entarteter Virus bei Haus-
tieren ankommt. Mmh, echt lecker mein Herrchen ... schmatz!* P.S.: *Grausam,
so eine Großkatze eingesperrt zu sehen, die ruhelos herumtigert, manchmal
verzweifelt gegen Glaswand springt. In Freiheit sind ihre Reviere Hunderte
Quadratkilometer groß. (s. auch Eisbären: Verhaltensstörungen aller Art.)*

Fernöstliche Begriffe & Lehren

Asana: Körperhaltung/Übung   **Pranayama:** Atem, Energie

Ayurveda: Ind.Gesundheitslehre (Ernährung, Massagen, Pflanzenheilkunde, Yoga), Gesang u. wiederkehrende ... >

Mantras: Silbengesang, Om & Co, Körper-Vibration durch Schwingung.

Mudra: Handgesten, Verneigung vor dem Göttlichen in dir/mir.

Beisp.: Daumen berührt einzelne Finger, dazu shouten, jede Silbe mit Bedeutung (Tod, Glück). Mantras/ Mudras erinnern an formelhafte Stammesrituale.

Chakren (Kreise): Oft missverständlich als völlig unabhängige, geistig-körp. Energiezentren gesehen. > Öffnen und reinigen für besseren Energiefluss.

Kommentar: Wenn jedoch schwere körperl. Blockaden zu geistigen führen, die wiederum zu körperlichen usw., kann man den Kreislauf sicher nicht mit Meditation oder Beschwörungsformeln bzw. Kräutern unterbrechen, wie bisweilen behauptet. Die "bösen" Ärzte könnten ein Buch schreiben, wenn Quacksalber Heilung versprechen u. sie die be-, misshandelten Menschen am Ende retten sollen. Das Netz ist voller scheinbarer Gratis-Angebote, die meist zusammenhangslos Begriffe d. Physik missbrauchen. ("Quantenesoterik")

Kleine Auswahl zentralasiatischer/fernöstlicher Religionen/ Lehren

Daoismus, Konfuzianismus, Buddhismus, Falun gong, Neohinduismus, Zen, sibir. Schamanismus Mahayana-B., Sant-Mat-Bewegung, Sikhismus, Brahma Kumaris, Ramakrishna-Mission, Mohismus, u.v.a. - Eine Welt für sich, Jugendliche kommen über Kampfsport in Berührung, das Wissen trägt aber auch allgemein sehr zum Verständnis von Kultur und Politik bei. >>

Muss man alles *"fremdlabeln"*? Mal in den Wald gehen, öfter mal summen, morgens Frühgymnastik, gemischt ernähren, Fleisch nur am Wochenende, jedem mit universellem Respekt begegnen, sich leidenschaftlich begeistern, bis es in den Haarspitzen vibriert. Sich bewegen bis zum "Flow", auch mal Akupunktur oder Pressur probieren, ohne Theorien oder Trendbegriffe. Namaste!

Fazit: So sehr man Menschen mit echt humaner, fernöstlicher Hingabe bewundert, ist das wirklich unser Ding? Auch bezeichnend, dass gerade westl. Ausländer auf Selbsterfahrungstrips trotz Intelligenz u. Bildung sich nicht selten versklaven lassen, ja zum Affen machen für kriminelle Strukturen und deren Reibach. Mit Läuterungskursen bzw. lächerlichen Maschinen, bis alles implodiert und die Hubschrauber kreisen. Längst sind spirituelle Lebensgemeinschaften weltweit agierend und haben sich in religiös verbrämte Psychosekten verwandelt. Die fernöstl. Lehren sind nur folkloristische Beilage, religiös verbrämt, um über Webseiten Opfer zu rekrutieren, die an Tätern auch nach Aufdeckung noch festhalten. (*"Stockh.-S."*) Hauptopfer immer: die Kinder. Schulverweigerung, keine altersgemäße Sozialisation, Anwälte, Angriffe, langer jur. Kampf.

<u>**Tradit. buddhistischer Text für den Abend:**</u> *Der Tag ist vorbei, mein Leben ist kürzer. Jetzt schau ich tief. Was hab ich getan? Hab ich dazu beigetragen, Leiden für mich oder andere zu beenden? Hab ich Glück gebracht, mir, oder anderen? Von ganzem Herzen gelobe ich, gewissenhaft zu leben. Im Bewusstsein der Vergänglichkeit. Mit Verpflichtung zur Güte. Zum Verständnis. Zur Freude.*   **OHM LOTSE EMPFEHLUNG:** Wunderbar!

Sprechstunde bei Ohm Lotse

Frage:

Leute, ich kiffe gern, is ja natürlich, bin aber voll für Umwelt, ist das schädlich?

Antwort Ohm: 1 kg Marihuana sind bis zu 5,2 Tonnen CO_2 in der Luft. (Karibik hin/zurück.) CO_2-Fußabdruck beim Anbau in Innenräumen: 2.300-5.200 kg CO_2e pro kg getrockneter Cannabisblüten. (= 20 000 km mit Auto.) 1kg Tomaten = nicht mal 1kg Co2. Auch Kaffee weniger.

Frage:

Hallo Ohm, bleibt der Cannabis-Effekt auch mit dem neuen Gesetz?

Antwort Ohm: Junge, keine Angst, natürlich könnt ihr euch weiter den Verstand wegballern, ja, es ist ein Naturprodukt, aber der Hauptbestandteil ist THC, das an die CB1-Rezeptoren in deinem Gehirn anbindet, so high macht und die typischen psychoaktiven Wirkungen auslöst. Hat der "Alohol" nicht zu bieten. Kiff on, my friend.

Sprechstunde bei Ohm Lotse (2)

Frage:

Ich habe Übergewicht, nichts hat geholfen:
Ganz einfach, nichts essen und die Zeit
immer weiter ausdehnen. Versprochen,
es kommt der Punkt, wo die Gier nachlässt.

Frage:

*Gibts beim Rauchen auch einen sicheren
Plan zur Entwöhnung?*
Ja, immer die nächste auffressen, aber erst
gut durchkauen. Wenn man es überlebt,
ist man kuriert, garantiert.

Frage:

Ich fühl mich immer so beschwipst. Antwort:
Entweder sind Sie eine Schnapsdrossel, die
ihrem täglichen Konsum verniedlicht mit so Begriffen wie Likörchen oder Sektchen, oder einer
der wenigen dauerglücklichen Menschen.- Im
Ernst: Bleibt noch das Eigenbrauer-Syndrom,
beschwipst zu sein, ohne zu trinken. Liegt am
Darm, muss man Ernährung umstellen.

Lotse über Glück:

GLÜCK KOMMT AUF LEISEN SOHLEN.
MANCHER ERKENNT GLÜCK NICHT,
SELBST WENN ES NAH UND DA IST.
IMMER NUR GLÜCK IST PECH.
GLÜCK IST ES, GELIEBT ZU WERDEN
GLÜCK IST, WENN DER BUS KOMMT.
GLÜCK KANN MAN STRAPAZIEREN.
GLÜCK KANN MAN ERZWINGEN.
GLÜCK SIND FLÜCHTIGE MOMENTE.

DAS HÖCHSTE GLÜCK IST ES, ANDEREN ZU HELFEN, INSBESONDERE KINDERN. DU BEKOMMST VIEL MEHR ZURÜCK

Das Auge isst mit!

**Ohm rät: Wechseln Sie mal
Ihr Ambiente.
Was Neues, Kleines, Nettes
kann Wunder bewirken.**

HORROR & CRIME

1000ster Tatort

1.Szene: Tatort

Die schöne neue Kommissarin eilt an den Tatort.
Der alte Polizist, letzter Tag vor der Rente,
weiht sie vor Ort ein:
„Messer im Auge, Kugel in der Brust, hängt von der
Decke, Hals durchgeschnitten, Nägel rausgerissen,
Kniegelenke gebrochen, Beine abgeschnitten,
ausgeweidet, Haare ab, Fingerkuppen verätzt,
aber nicht geschändet."
Die Kommissarin konnte es kaum glauben:
„Nicht geschändet?
Mord? Schwer zu sagen, Selbstmord?
Keine Belege dafür. Unfall? Unwahrscheinlich.
Was dann?" Der Alte zuckt nur mit den Schultern.
Zu ihrem Assi gewandt: „Okay,
schreib auf,
Messer im Auge, Kugel …

2. Szene: Pressekonferenz

„Also, das Opfer hatte ein *Messer im Auge, …*"
Der Polizeisprecher: „Wir vermuten Mord."
Eine Journalistin fragte: „warum?"
„Wegen dem Messer im Auge, der Kugel …".
Der Sprecher zählte alles auf.-
Ja, *Messer im Kopf, Kugel usw., aber*
nicht geschändet." „Was? Keine Schändung?"
Nur die schöne Kommissarin blieb skeptisch.

3. Szene: Autopsie

Die schöne neue Kommissarin eilte zur **Autopsie.**

„Also, was hat er?" Prof. Fledderer erzählte:
„Eine Frau gab sich als Frau aus, circa 30, sie hat ein *Messer im Kopf, die Kugel usw. usw., aber nicht geschändet.* "Was? Keine Schändung?" Nein, aber unter den fehlenden Fingernägeln wäre DNA gefunden worden. Der Täter wurde bald ermittelt.

4. Szene:Verhör

Verhör: In einer harten Befragung gab der Täter vor der schönen Kommissarin zu, dass er dem Opfer ein Messer in das Auge stieß u. alle festge-stellten Wunden beibrachte.

„Und die Schändung?" Die Kommissarin hakte nach. Davon wisse er nix, meinte der Mörder.
Sie flucht: „Verdammt! *„Wir können ihm das nicht nachweisen; nur das Messer, die Kugel, das Hängen, die Nägel, die Knie, die Beine, Haare und die Finger, doch die Schändung nicht."*

Neuer Tatort, neuer Fall

Tage später fand man sein letztes Opfer, mit Messer im Auge und denselben Grausamkeiten.
An der Wand stand mit Blut:
Er hat mich auch geschändet!
Da wusste die schöne Kommissarin, sie hatte recht: *Er* war doch ein Schänder!

Forts. am Samstag: Schänder aus Gefängnis geflohn

Ohm Lotse warnt: Vorsicht!
MANCHER ENTPUPPT SICH

ALS MEHRERE

Leid hat viele Namen

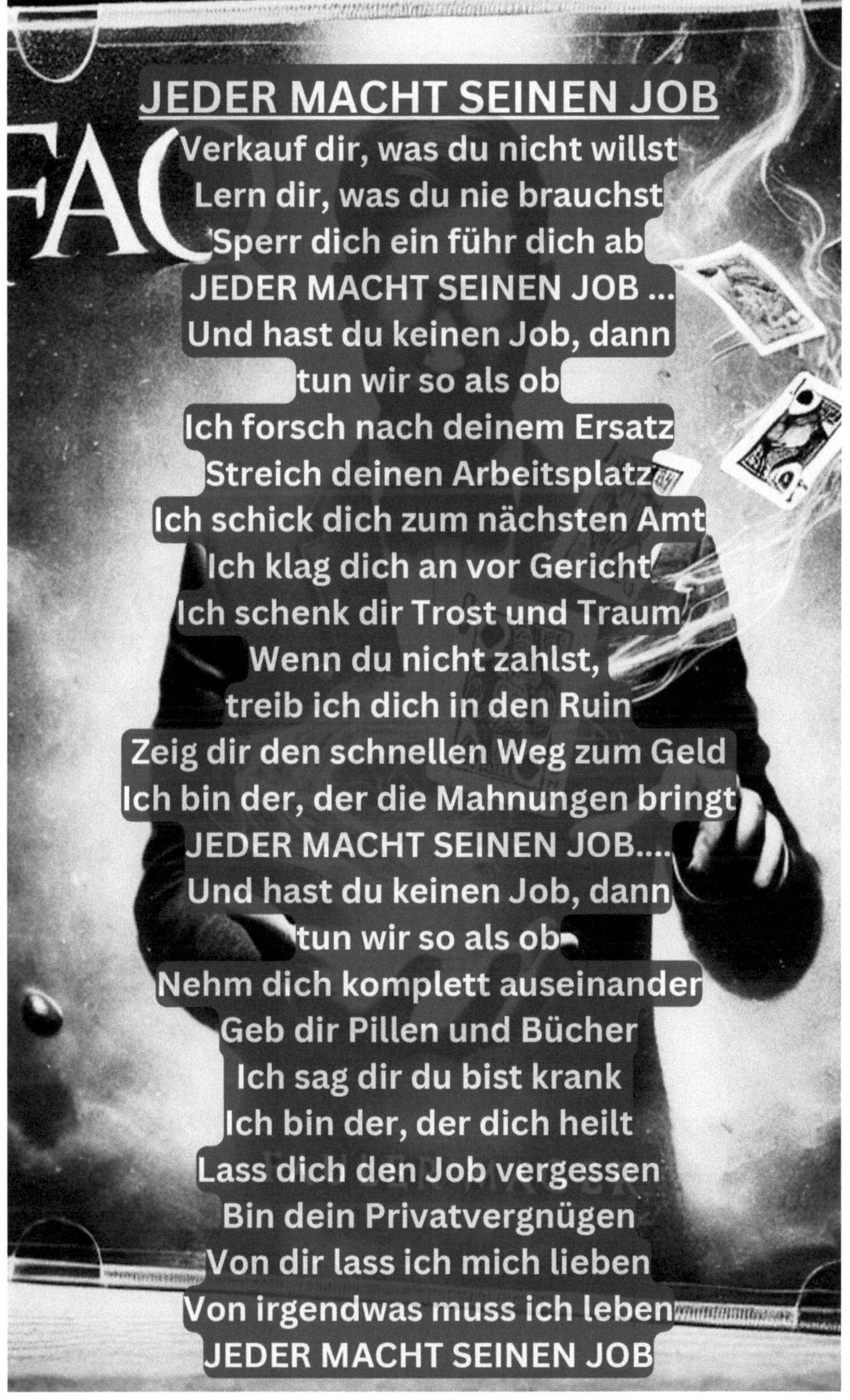

JEDER MACHT SEINEN JOB
Verkauf dir, was du nicht willst
Lern dir, was du nie brauchst
Sperr dich ein führ dich ab
JEDER MACHT SEINEN JOB ...
Und hast du keinen Job, dann
tun wir so als ob
Ich forsch nach deinem Ersatz
Streich deinen Arbeitsplatz
Ich schick dich zum nächsten Amt
Ich klag dich an vor Gericht
Ich schenk dir Trost und Traum
Wenn du nicht zahlst,
treib ich dich in den Ruin
Zeig dir den schnellen Weg zum Geld
Ich bin der, der die Mahnungen bringt
JEDER MACHT SEINEN JOB....
Und hast du keinen Job, dann
tun wir so als ob
Nehm dich komplett auseinander
Geb dir Pillen und Bücher
Ich sag dir du bist krank
Ich bin der, der dich heilt
Lass dich den Job vergessen
Bin dein Privatvergnügen
Von dir lass ich mich lieben
Von irgendwas muss ich leben
JEDER MACHT SEINEN JOB

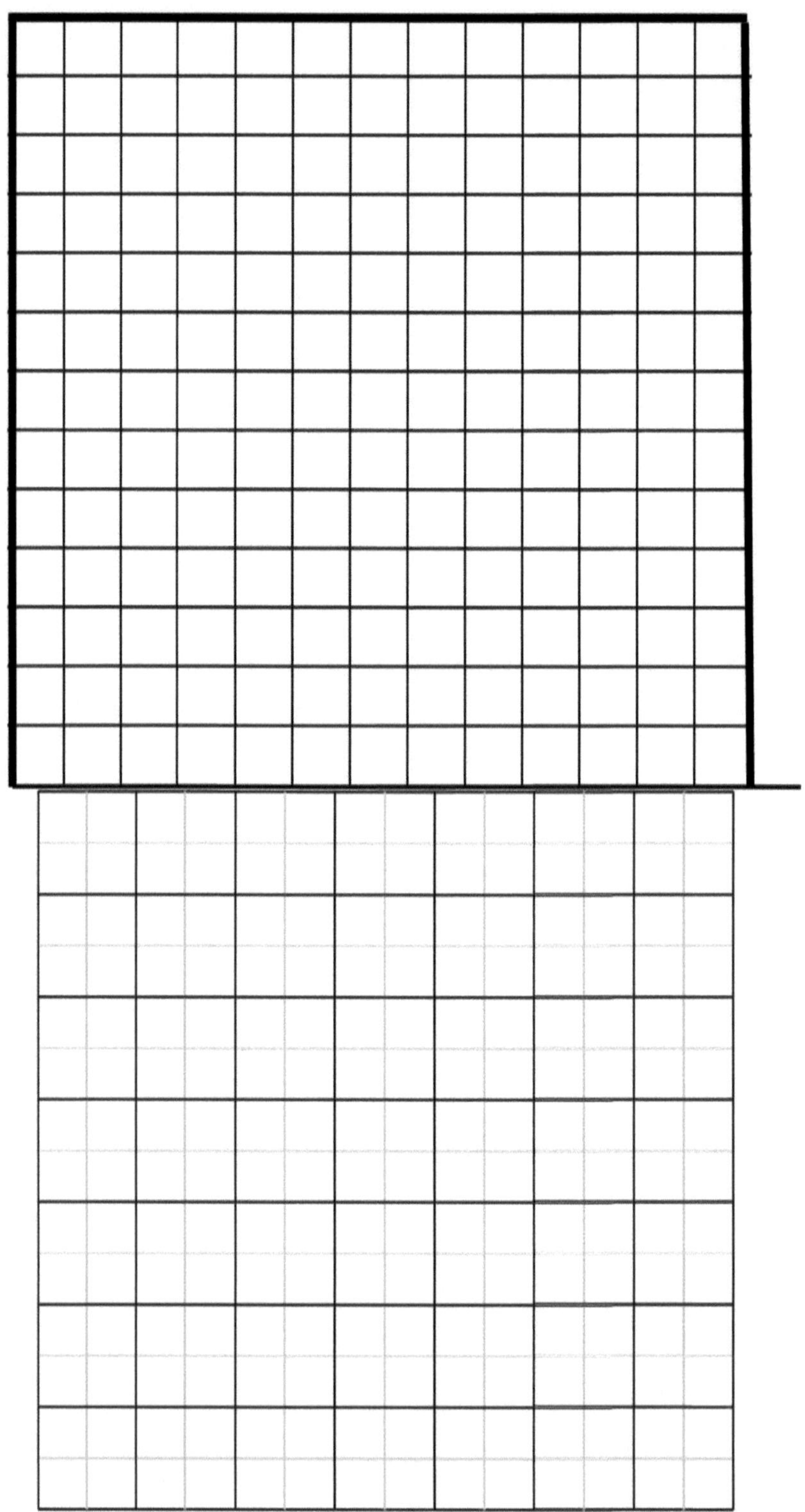

OHM
ÜBER
REINKARNATION
KANN MAN AUCH ABLEHNEN?

Ohm im Selbstversuch

Ohm: **Erdung ist der Schlüssel**

zur Zufriedenheit — zum Sinn im Leben

zur Gelassenheit — zu differenzierender

Weltsicht — **Hilfe für andere** — zur Empathie &

zur Liebe, — hin & zurück

Aber Vorsicht: Überforderte Menschen, die **den Schlüssel verlieren,** suchen enttäuscht die Rettung in Theorien oder im Radikalen, speziell, wenn Undankbarkeit, Arroganz oder Unwerte zurückkamen. Manche nehmen Zuflucht in Heilsversprechen aller Art. **Glauben geht vor Wissen, es bleibt aber oberflächlich.**

So gibt es Meister und Schüler, wobei vor allem Westler die Gurus wie Popstars verehren. Manchmal als letzte Rettung für ein persönliches Dilemma, bis man die Nase wieder voll hat, der nächste Trend mit neuem Führer wartet. Ziel des **Zen-Buddhismus** ist aber die "nicht irdische" Erlangung von Satori (Erleuchtung), im letzten Schritt das "Nirvana". Es geht nicht nur um die individuelle Erleuchtung u. Befreiung von Leid; nein, man sollte es auch allen anderen Lebewesen zugänglich machen. Wie? Mit Meditation zur Erfahrung der Einheit allen Seins, damit als tätige Lebenskraft. Den rationalen Verstand ins Leere laufen zu lassen, da Fragen (Antworten) nicht logisch entschlüsselt werden können. Hä? Is ja praktisch! SIE: „Kannst du ja!" Sie begeistert: „Setz dich mal ne Stunde hin und murmel OMS oder göttliche AUMS." „Geht`s auch mit SHANANANA oder DUDL DU?" „Bleib ernst!" Aha, und so hilft man anderen? Fazit: Ohm hat es versucht! Seitdem braucht er Purlezitin flüssig. Gut, wem`s hilft! Besser: **Sei dein eigener Guru!** Kleine Notiz am Rande: Gibts alles im Christentum, Singen, Rosenkranz (Perlen), Reflexion, sogar Mantras. **"Om Mani Padme Hum "- Ich bin in dir, du in mir.**

Na also, da sind wir uns ja wieder einig. Sag ich doch:

Praktische Erdung ist der Schlüssel

„Also machen Sie sich mal keine Sorgen, das kriegen wir schon wieder hin, zumindest das meiste, denke ich, wenn wir Glück haben und SIe lange genug leben. Kleiner Scherz! Nun, im Ernst mein Lieber, die Fettleber haben Sie ja schon selbst vermutet. Auch hier, die schwarze Teerlunge hätte Sie eigentlich nicht überraschen dürfen, zumal ihr ständiger Raucherhusten dazu passt, der Grund ist das malade Lungengewebe. Gut, ich sollte hinzufügen, dass mangelnde Bewegung immer eine Rolle spielt, plus Ihr adipöser Umfang. Auch im Fall Ihrer schmerzhaften Gelenkathrosen. Im Grunde sind ihre Knochen kurz vor Staub. Sehen Sie gut? Hören Sie schlecht? Aha, hab ich mir gedacht. Eingeschränkte Wahrnehmung, ist vor allem eine Nervensache. Aber was mal weg ist, bleibt weg. Ich empfehle in solchen Fällen heiße Brennnesselumschläge, davon wird zwar ihr Nervenkostüm nicht besser, aber Hitze lenkt ab. Großer Schmerz schlägt kleineren, sollten Sie sich merken für die Zukunft. Ihre Bandscheibe? Welche Scheibe? Was soll ich da noch untersuchen? Sie sollten nich so zimperlich sein als Kassenpatient. Nix Kur, 1x tgl. Aspirin, Magnesium, Vitamin usw. Ihr Gedächtnis wird schwächer? Vergessen Sie es! - Der Nächste! "

Wir sind nichts,
doch alles,
was wir haben

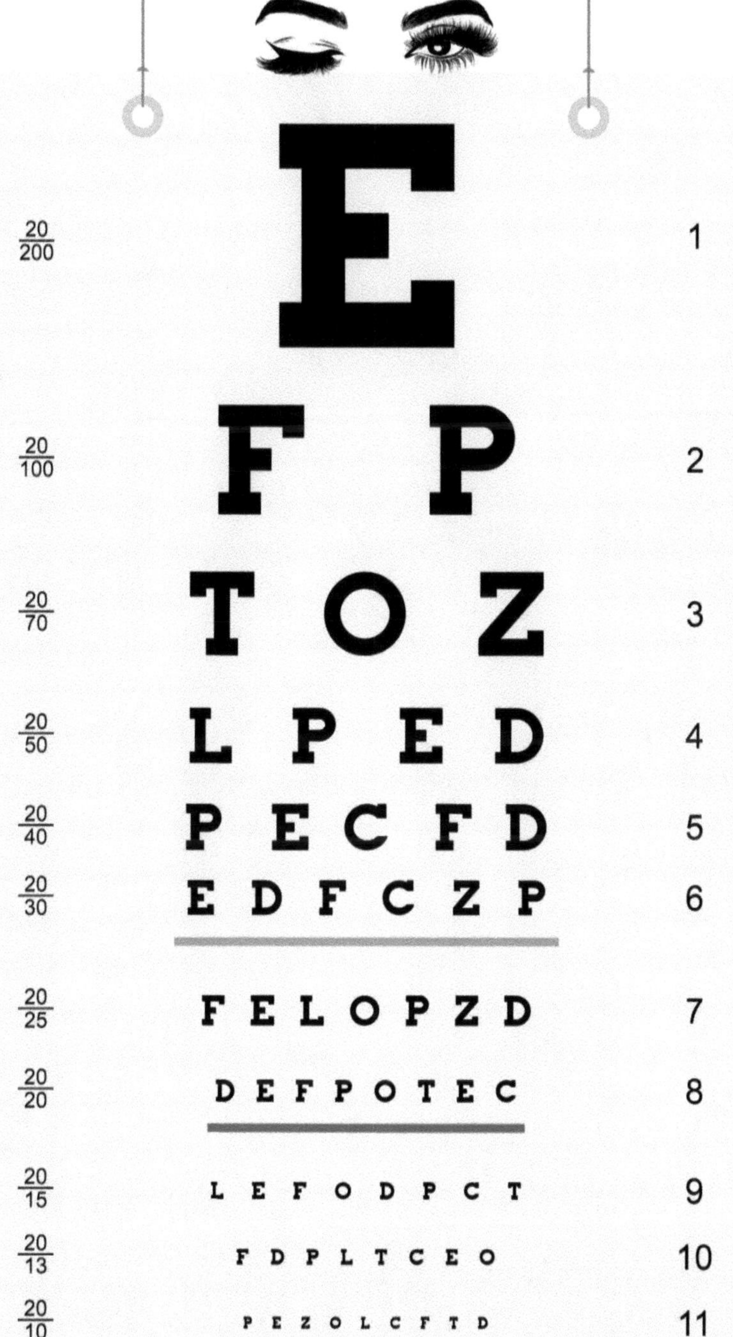

20/200   E   1
20/100   F P   2
20/70   T O Z   3
20/50   L P E D   4
20/40   P E C F D   5
20/30   E D F C Z P   6
20/25   F E L O P Z D   7
20/20   D E F P O T E C   8
20/15   L E F O D P C T   9
20/13   F D P L T C E O   10
20/10   P E Z O L C F T D   11

Echte Künstler

BEWUNDERT OHM

TUN ALLES FÜR IHRE KUNST

UNSER PFARRER

Unser Pfarrer hatn Hobby
Und das Hobby ist Musik
Er spielt Harfe am Computer
Harfenklänge sind sein Glück
Schnell ne Taufe, los zum Becken
Wasser marsch, das Baby kräht
Und Hochwürden schon verschwunden
Weil er einen Auftritt hat
Die Beerdigung mit Tempo
Mann verwechselt, auch egal
Wünscht der Leiche langes Leben
Und dann spielt er, eine Qual
Denn er lernt noch die Akkorde
Die Gitarre ist geschenkt
Spendet schnell noch einen Segen
Und kassiert die Gage ab
Unser Pfarrer will zum Casting
Konfirmanden raten ab
Doch er lässt sich nicht beirren
Denn er schreibt an einem Rap
Superstar als erster Pfarrer
bei der Beichte träumt er schon
Und zur Strafe singt er wieder
Opferflucht beim ersten Ton
Sonntagspredigt kurz und schmerzlos
Klingelbeutel eingesackt,
Und die neue super Orgel
Arme Hörer, Gig im Knast

OHM

EIGENANSICHT

Als er in den Spiegel sah, wusste
er, dass sie nicht so falsch lag und
er dringend etwas ändern musste.

LIEBE

Liebe unter dem „Mikroskop"

Das "EPR"-Paradoxon

Laut Quantenmechanik bleiben zwei Teilchen, die einmal miteinander wechselwirkten, danach in einem Zustand der Verschränkung, unabhängig von der Entfernung voneinander. Es widerspricht unserer Vorstellung von lokaler Realität, doch wir spüren es, dass etwas nie ganz vorbei ist, wenn es aus ist. Schnief!

Verliebt?

Schmetterlinge im Bauch: Anstieg von Dopamin, Noradrenalin und anderen Neurotransmittern = euphorisches Gefühl. Kuscheln: Oxydoxinausstoß. Verliebt sein zeigt erhöhte Aktivität in den Belohnungszentren unseres Gehirns, im ventralen tegmentalen Bereich (VTA) und dem Nucleus accumbens. Bereiche sind reich an Dopamin (Neurotransmitter), mit Belohnung und Lust assoziiert. Diese Aktivität ähnelt der, die bei Menschen auftritt, die unter dem Einfluss von Drogen wie Kokain stehen! Also >> Make love, not drugs!

Schräge Vögel
sind das Salz in der Suppe

"Alter, und wenn du erst mal meine Stimme
hören könntest ...!"

Geißel der Menschheit

LUXUS – SINN DES LEBENS

Man kann seinen Blick nicht abwenden, sieht zu, wie bei Affen im Zoo, drollig, manchmal wie bei einem Unfall bestürzt oder fassungslos, als wär es eine Katastrophe. Wie gesagt, man kann seinen Blick nicht abwenden. Bei manchem stellt sich tiefes Bedauern ein, man löst sich doch, murmelt: arm dran! Da ruft der im TV raus: „Du bist nur neidisch!" „Meinetwegen, darf ich dann ausschalten?" „Du verpasst die neue Folge!"

„Der Rolls ist jetzt schon der Burner, aber der Bentley muss noch schöner werden, sah ganz schlimm aus." Hier hat jeder einen oder `nen Rolls. Nur wenn was raussticht, schaun die Leute. Ja, der schönste Bentley ist wie bei einer schönen Frau, du zeigst alle Kurven." „Da vorn kommt es richtig raus," meint sie. Mega, als könnste darauf Klavier spielen." Er: Zum Wohlfühlen braucht man auch gutes Personal. Und einen eigenen Fahrer, den braucht man in Dubai; besser zwei, wenn der Eine Brot holen fährt."- Sie wären jetzt angekommen, Penthouse, Villa, Schiff, Speedboot, "praktisch eigenen Hafen vor der Haustür". (**Zitate einer Folge**)

So eine vorbildliche VIP-Familie fliegt natürlich im Hubschrauber, bei Kurzstrecken, geht schneller. Hat einige Luxuskarren, falls der R. Royce gerade getunt werden muss. Und vor allem muss man pausenlos Shoppen, teuerste Artikel. Bedienstete und Service werden gut bezahlt, im Vgl zum eigenen Vermögen Hungerlöhne. Das glamouröse Luxusleben braucht ständig Events und Promis an der Seite, sonst Langweile. Pandemieregeln gab es nicht, der Dilettanten-Müll sollte als Kunst verkauft werden. So schippert man als pure Egoisten um die Welt, ohne jede Verantwortung oder Schuldgefühle. Motto: Mehr ist mehr. Nur eins scheitert: Die Kinder zum Arbeiten zu bringen. (Original-Zitate)

„Guck ma Vatti, sie sprechen noch Kölsch, die haben ja auch Zahnweh. Mir tun die Mädel leid, ständig posieren. Aber Papa hat ja die Kohle, da müssen sie ihn eben auch bewundern. Die Leut sind gemein, das sind doch so viele schöne Bilder und trotzdem bekommen sie so böse Post. Das sind doch Vorbilder, jeder kann` s schaffen, wenn er nur so fleißig ist." „Ab sofort mach ich Überstunden, damit wir uns auch son Ferrari leisten können, fürs Erste würde mir schon ein neues Implantat genügen.- Dt. Idole, da können die Politiker einem leidtun, dagegen kommst du nicht an, sorry.

Meinz

Nimm was du kriegen kannst, wenn du`s kannst,
hol dir alles,was du brauchst, was es gibt,
gibt ne Menge schöner Sachen, muss man haben
kann man sagen, das is meinz alles meinz,
hättste auch gern so was feinz.
Haste keinz armer Hund-Pech gehabt, äh Foten weg!
Dat is deinz, dat is meins, ganz alleine, jedem seinz
Dein Problem, deine Sache? Ach gestatte,
wenn ich lache. Ob ich dir da helfen kann?
Sag, was hab ich denn davon.
Hab nen Job, du hast kein? Such dir einen
armes Schwein. Willste auch gern einen haben,
musste machen, musste suchen.
Haste keinz, haste nix, Pech gehabt äh Foten weg
Dat is deinz, dat is meins, ganz alleine, jedem seinz
Nimm, was du kriegen kannst, essen kannst,
tragen kannst. Hol dir alles, was es gibt,
wenns was gibt, was du brauchst.
Gibt ne Menge schöne Sachen zum Bestellen
kann man sagen das war meinz, alles meinz,
dem Gerichtsvollzieher SEINZ.
Muss man haben auf Kredit, mit Rabatt,
hey Foten weg! Hättste auch gern sowas Feinz.
Haste keinz, armer Hund-Pech gehabt, äh Foten weg!
Dat is deinz, dat is meins, ganz alleine, jedem seinz.
Haste Geld, bistn Held, so is die Welt.
Nich deinz - meinz

Ohm: Der Mix macht`s

Der genetische Code bestimmt keine Rassen. Es gibt mehr Unterschiede unter Schwarzen als zu Weißen. Rassenlehre ist reines Kunstprodukt des Kolonialismus. 2019 hat die Wissenschaft in *Jena* noch einmal klargestellt: Es gibt keine biolog. Erklärung für Rassen! Der Forscher *Stoneking* bezeichnet Herkunft-Gentests als "Unsinn". Anteile nicht mehr da, gemischt und werden ungleichmäßig weitergegeben. Nur circa Annähern an großflächige Einordnung (Erdteil/Region) oder Hinweise auf Frühmensch-Anteile möglich. Der heutige Mensch hat im Genom Neandertaleranteile, bei Europäern circa 2%, bei Afrikanern 1%, weil Rückmigration des Homo Sapiens N-Anteile mitbrachte.- Die Veränderung der Lebensweise führte zu Risikogenen und Diabetes, Nikotinsucht, Nierenproblem, Depression. Laut Genom-Analyse *(Friess in Alpha, 22)*: Unsere Gene stammen vom modernen Menschen in Afrika.*"-Hallo, ja Sie da in der äußeren rechten Ecke: Sie sind **Afrikaner wie wir alle."** Afrika > Homo sapiens > Europa/Eurasien > trifft Neandertaler > Genflüsse. N-Gene bei uns nicht gleich. P.S.: Ethnien sind einfach nur kulturelle Identitäten.

Irgendwie hatte er sich
seinen Beruf als
Erzieher anders
vorgestellt.

Das dritte Bein
ist immer das Problem

News: Die Nachahmung der EU-Bevölkerungswachstumsinitiative *"Sex am Arbeitsplatz"* führte zu empörten Protesten von warten-den Zugreisenden, Paketempfängern, Generälen u. der Luftfahrt. Ein Bischof erklärte, das sei nix Neues für die Kirche. Polit. Initia-tiven fordern nun auch die allg. Drogenfreigabe am Arbeitsplatz.

Das Wesen der Dinge

Das (kindische) Wesen der Dinge

Erbsen kichern, Kekse scherzen, Nudeln ulken, Pelze sind faul, Pilze haben Glück, Schlüssel sogar ein Bein. Salat hat nen Kopf, Schrauben und Korken können ziehen, Flaschen haben so nen Hals, das Aus pufft, der Hut hat 1 Finger, Füße können abdrücken. Nasen können laufen.Tragisch: Der Stuhl hat`n Holzbein. (;>) Inspiriert durch den Philosophen Max Scheler: „Das Wesen der Dinge"

Sehr empfehlenswert – **Philosophie-Seminar** (3 Stunden). Thema: *Das Phänomen des Stuhls: "Substanz und Sein".* Fragen über Fragen. Hat ein Stuhl Kernsubstanz? Ist ein Dreibeiner noch ein Stuhl? Bestimmt Bewusstsein das Wesen des Stuhls bei jedem anders? Kann ein Stuhl im Kreis stehn? Bleibt es mein Stuhl, auch wenn du Vollhorst dich übergewichtig draufsetzt? Lauter unlösbare Fragen wie in ZEN, ja, alles ist mit allem verbunden. *Thema morgen um 9: Wie schwänz ich mein SEIN ohne Substanzverlust?*

Manche Menschen überholen sich selbst

*mb

GutenTagaufWiedersehn

Frühstück, ciao, bis irgendwann, Schule Arbeit, Tempo, peng, hängst du in der Umlaufbahn, blubbert einer auf dich ein, redet alles kurz und klein, zieht dich runter lang und breit, bis du ganz am Boden bist, fragt dich dann: Was hast du denn? **Sag „gutenTagaufWiedersehn!" GutenTagaufWiedersehn, wirklich schade, ich muss gehn, schönen Tag noch und auf Wiedersehn.**

Wetter wär fatal, Mond mal wieder voll, ob ich wüsste, was das ist, dass die Katze Mäuse frisst, Haustürpredigt will bekehrn, der am Handy mich belehrn. Will mein Geld und weiß viel mehr, was das Beste für mich wär …

GUTENTAGAUFWIEDERSEHN, tut mir leid, doch ich muss gehn. Schade schade und auf Wiedersehn

Freizeit, voller Stress, Trends die Mode her und tschüss Hightech-Plunder, Sieger, Stars, Promi-Käse , weg das wars. Sektenmönch löst Geldproblem, falsche Türe Wiedersehn. Überall dabei hell au, Handyman steckt voll im Stau, Zunge raus, Mann im Ohr , „die Papiere bitte sehr"!

GUTEN TAG AUF WIEDERSEHN, keine Zeit, ich ruf Sie an schönen Tag noch und auf Wiedersehn.

Zeigt dir einer Rang und Macht, macht dich an, hat immer Recht. Kann sich selbst nicht leiden autsch, Aktenordner braucht ne Couch. Kommt von früher, will belehrn.

Guten Tag auf Wiedersehn, wirklich schade, ich muss gehn, keine Zeit, ich bin schon weg, Wiedersehn und guten Tag. Guten Tag auf Wiedersehn, hätte würde möchte gern, „Ham wer nich", tut mir leid, ich muss gehen, keine Zeit, Guten Tag auf Wiedersehn, schreib mir mal, ich ruf dich an, Schönen Tach noch und auf Wiedersehn. GUTEN TAG mein Lieber, tschau tschüss, nie wieder, schönen Tach noch und

Ohm! Sie sind da!

Ali N.

Im Doku-Kanal schwört ein Augenzeuge, ein Ufo gesehen zu haben. Sie hätten gewunken und sogar "oh sole mio" gesungen. Ein Experte erklärte, dass sie aus unserer Parallelwelt stammten, sich wohl verfahren hätten..

Hello, hier euer DJ Scifi Ali N.
Die Leute glauben an Geister, Feen, sogar an Aliens. Doch allein die Tatsache, dass man meint, sich Aliens vorstellen zu können, sogar mit menschenähnlichen oder tierischen Merkmalen inklusive Untertassen, zeigt, wie verzweifelt manche auf Erlösung hoffen. Im Notfall von sich selbst.

Und alle fliegen brav in den USA herum. "Drushba"

Tiermenschen und Menschentiere

Krone der Schöpfung? Oder?

Ergebnis von DNA-Entschlüsselung ist, dass die Maus mit dem Menschen in 99 Prozent ihrer Gene übereinstimmt. Embryonen von Fischen, Amphibien, Reptilien, Vögeln und Säugern bis hin zum Menschen sehen sich in den frühen Stadien der Entwicklung verblüffend ähnlich. Siehe Ultraschallbilder von menschlichen Babys. Mensch, Wurm, Taufliege oder Fisch – jeder hat Homöoboxen, das ist ein genetischer Generalschlüssel für Embryonalentwicklung u. Ausformung des Körpers mit gleichem Gen-Satz..

Erkenntnisse zur Evolution der Natur

Was sich durchsetzt, wird recycled für Neues. Zerstörerisches würde sich die Natur nie antun. Kommt es zu Bauplanfehlern, ist das ein Grund zum Feiern. Was anders ist, anders aussieht, verändert den Grundplan und diese nur wenigen Buchstaben des Codes bewirken oft einen gewaltigen Evolutionssprung, zum Höherwertigen. Reinrassige, fehlerlose Duplikate werden schwächer, erkanken häufiger und sterben früher, wie z.B. Hunde.

Der Mix machts !

Urgh, würg, kotz!
Was?
Alles!

Ohm über Castings:
Darwin lässt grüßen!

Marleen weint am Telefon:
"Mama, die sehen ja alle so aus
wie ich! Du hast doch gesagt,
ich wär einzigartig."

Das Diktatorspiel

Wie werde ich Dikatator?

Bring reiche Leute auf deine Seite, bau Netzwerk auf. Macho zieht immer, verbreite Fake-News, wiederhole diese, bis sie wahr scheinen. Kill unliebsame Journalisten. Unterwirf Parlamente, Rechtswesen. Lass dich für immun erklären, egal, was du tust. Lass die machtgeilen, servil Hörigen an deinem Thron schnuppern. Wiegele das Volk auf, droh mit dem Untergang, mach Kasse. Mit bezahlten, kriminellen Horden anonym Personen, ja ganze Länder einschüchtern. Nütze den Nationalstolz der Leute aus, provoziere Kriege. Mit Eroberungen die Schulden. bezahlen. Tu so, als hättest du politisch viel erreicht, nütze jedes Medium, um das zu verbreiten, egal ob wahr oder nicht. Behandle befreundete Länder wie Bananenrepubliken, lass sie bluten. Sitzt du im Sattel, bleibst du auch. Polizei, Militär u. Marionetten an der Spitze der Dienste werden schon dafür sorgen.

Keine Angst, Kinder, ich hab die Flak scha dabei. Soll mal eins kommen von den Mistviechern, dann ballern wir die weg.
All inklusiv?
An Pfeifadeckl. Des Bier is alle, zu Essen gibt's bloß des Pflanzenklump, und die Bild kommt net. Des nächste Mal fohrma widda in die Berch, gell.

Oh Majimbi

Welcome Herr Mister, in Kwasiland
Hotel-Oase mit eigne Strand
Keine Angst, vor den Banditos,
böse Welt kann nicht herein
Pistoleros patrouillieren
vor den Lagers u. Favelas ringsherum
Hier alles friedlich- good vibrasion
täglich gemiste -Folklorprogramm

Oh Majimbi, majimbi oh-
Oh majimbi jimbi oh
Oh majimbi jimbi jo ho
Oh majimbi jimbi oh

Grande Bauche blanke Buse,
Bratewurste in Sandale
kommen mit Touristibomber,
kaufen Bild und fliegen wieder
schwitzen kämpfen am Buffett,
essen Bier und mieten Jeep
hassen Armut Ungeziefer,
suchen kleine Abenteuer

Für den Chefe eine gute Preis
Sänky Pänkys, für die scheene Frolleins
(huu-) da schmilzt das Eis (heiß)
Denn ihre Heimat ist kalt
Hey ruft der im Hawai-Hemd
das kleine Schwarze bedient
Glaubt er spricht Englisch, sie ihn nix
versteht. Wird er böse! Rotta Schädel!
Die Monetos her, du Schlamp!
Greift sich ans Bermuda-Dreieck
Service hier so lausig wie das ganze Land
Is gute mensch sonst, füttert Katzen gern
und liebt gemiste Folkorprogramm
Will es haben wie bei Mutter
Vollpengsion Satt deitsche Sender
spielt mit Schafskopf, schlägt auf Micke
findet stolz die Kakerlake
Salz im Meer, Sand in die Fieße,
mag er nicht der weiße Riese
Hottentotten blöde Sprache,
lallt besoffen auf Etage, glaubt,
er wär in Afrika, (kalisch kakauka Kulimann)
fliegt nach Spannien nächste Jahr,
(täglich gemiste Folklorprogramm)
denn seine Heimat ist kalt

The Coconuts

Bei Klatschemarsch und Heimatlieder
schiebt er fettes Trinkgeld rüber, tanzt
auf Tische, haut auf Busch, darf mal trom-
meln und sagt Tusch. Hehepunkt ist, wenn
er singt, klingt so traurig,
wo er wohnt

Gibt`s nur Berge, immer Regen,
ganze Jahr auf Urlaub sparen. Letzter
Abend, heya ho-Abschiedsfest fier weiße
Manitou (huh!). Dann sitzt er im Flieger
Gottseidank, Majimbi hat genug - von
Quasiland (puh)- auf Video. Und sein
Heimweh brrennt heiß.

Ein schwarzer Mann vom Service kehrt
die Reste aus. Gemiste Folkore - Fernweh
heimatlos.
Oh Majimbi-jimbi joho.
Oh Majimbi-jimbi jo

BERBERLAND

geschrieben 1984

Nimm Platz auf meinem roten Teppich, die Wasserpfeife dampft, wir fliegen los. Kleines Europa, du bist doch nicht die Welt, mensch. Ein paar Wolken weiter, ist die Überraschung groß. Und wir landen auf einem Apfelsinenbaum, mittendrin im Morgenland. Gleißendes Licht, Paläste und Moscheen. Hier wirfst du keinen Schatten im Königreich von Sonne und Sand. Lass dich entführen in die engen Gassen, Wasserverkäufer, Tücher und Schmuck. Sattsehn an selbstgemachten Farben. Gesichter die erzählen, Geschichten aus dem Orient. **Couscous - Duft aus allen Küchen. Yalla, Allah- Leben mit Gott. Tam Tams - Rhythmus ohne Ende. Reiterspiele im heißen Berbersand** Ruh dich aus, beim Pfefferminzteeplausch, reib an der Kette, Geduld mein Freund. Kamele schaukeln uns hoch zur Kasbah. Und morgen Marrakesch, wo man Feuer schluckt und Schlangen beschwört. Und wir feiern mit Reiterspielen, irgendwo stehn Zelte im Sand. Laden dich ein, seid meine Gäste. Sesam öffne dich, Ali baba lebt! **Couscous - Duft aus allen Küchen. Yalla, Allah- Leben mit Gott. Tam Tams - Rhythmus ohne Ende. Reiterspiele im heißen Berbersand.** Nimm Platz auf meinem roten Teppich, leg alles ab, wir fliegen los.Gleich um die Ecke ein paar Häuser weiter, fällt dir die fremde Welt in den Schoß. **Kebab-Duft aus allen Küchen. Jalla Allah- sei unser Gast. Tam Tams - Rhythmus ohne Ende. Fremde Heimat , wir schenken dir, was du nicht hast. Kebab-Duft aus allen Küchen. Jalla Allah, sei unser Gast. Tam Tams, Rhythmus ohne Ende. Fremde Heimat, wir schenken dir, was du nicht hast. Wir schenken dir, was du nicht hast.**

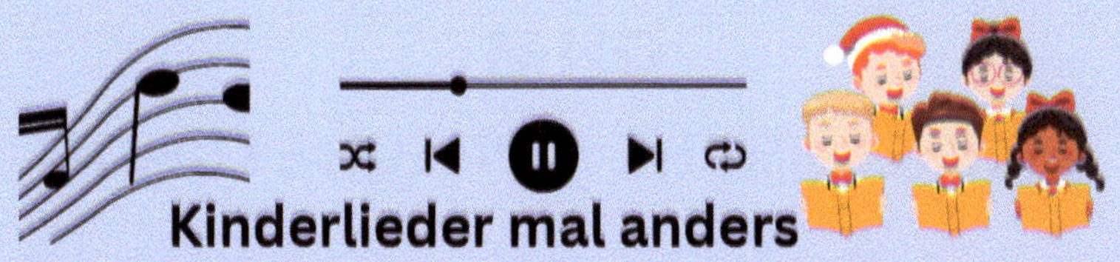

Kinderlieder mal anders

Lena und Robert verliefen sich im Wald, kamen an ein Häuschen, die Heizung war eiskalt, trotz Lebkuchendämmung und Sonne auf dem Dach. Die Pumpe war zu teuer, die Hex meint "Ofen aus".

Horch was mag das draußen sein, holla hi, holla ho, hör ein Opfer lauthals schrein. Hollahiaho. Geh vorbei und schau nicht hin, holla hi, holla ho. War wohl sicher nicht so schlimm, holla hijaho. Leute haben oft gesagt, dass ich wohl kein Mitleid hab. Lass sie reden, schweig fein still, kann ja leben, wie ich will. Hollahiahoh.

Wer will fleißige Handwerker sehn? Der –muss erst das Warten lern`. Nix Termin, hol Leschek ran, ginstig, gut – und fängt gleich an. Wozu Rechnunk, is nur Papierr!

Ene mene muh- raus bist du, Dachten alle, Pech gehabt, weil er an sei`m Sessel klebt. Ene mene mu, Fehler sind Tabu

Ach wie gut, dass niemand weiß, dass ich Adi Putler heiß.

Nach Indien kam ein Dummerlein, zahlt für ZEN und schreit: So an Scheiß, gibts kostenlos, des nennt man Fastenzeit.

Das Märchen vom Märchen

Es war einmal ein Prinz, der zahlte keinen Zins, da kam zu ihm ein Drache, „gestatte, dass ich lache, hast du nur noch wenig, geh doch zu deinem König, der zahlt die Schuld mit Gold, und schenkt dir Land und Braut." Im Märchen kommt die Frau, in "echt" hilft keine Sau. –

Winter ade, gibt nie mehr Schnee. Und unser Klima macht, dass bald niemand mehr lacht, Winter ade, Dummheit tut weh.

OHM
MEDIZINISCHE SPRECHSTUNDE

Ich hab oft Schluckauf. Warum?

Ein Erbe der Fische/Kaulquappen ist der Schluckauf. Kaulquappen haben eine kleine Hautklappe, die Glottis, damit das Tier beim Kiemen atmen nicht aus Versehen Wasser in die fertigen Lungen schluckt. Bei Fehlimpuls der Nerven auf das Zwerchfell atmet der Mensch schnell ein, denn er hat noch die Glottis , die verschließt dann die Luftröhre. Das Ergebnis lautet „Hicks".

Ich hab schon den zweiten Leistenbruch. Woher kommt das?

Leistenbruch - Unser Leben im Wasser.
Als der schwimmende Fisch aufrecht gehen lernte, haben sich die männlichen Keimdrüsen von der Körpermitte zu den Beinen verlagert. Vorteil: Samen im Hodensack wird stets optimal temperiert. Doch die Samenleiter schlängeln sich entlang urtümlich verschlungener Wege durch den Unterbauch. Da das Bauchgewebe aber instabil ist, droht die Aussackung des Darmes in die Bauchhöhle, ein Leistenbruch.

Mein Blinddarm ist weg. Hab ich da Nachteile?

Blinddarm- letzte Rettung
Naja, wenn dein Immunsystem eh schon am Stock geht, wär es gut ,das letzte Aufgebot des Blinddarms mit seinen guten Abwehrstoffen ins Gefecht zu werfen.

Helfen Placebos, wie mir meine Frau empfiehlt?

Wissenschaftlich belegt: helfen tatsächlich
Ja, sie hat recht, aber Sie müssen dran glauben. Klar, Sie können die Wirkung noch mit Globolis verstärken. Aber Vorsicht: Erst stark verdünnen! Besser einzeln kaufen!

OHM : MEDIZINISCHE SPRECHSTUNDE 2

Hallo Ohm, ich hab oft undefinierbare körperliche Schmerzen. Die ziehen von ganz unten hoch. Was kann das sein?

Erdung braucht einen festen Stand.
Daher pflege deine Füße, denn deine Quanten voller Horn, Risse und Sporne nerven den Rest deines Bodys. Wenn du allerdings einen oder mehrere Formverschiebungen hast, wie gezeigt, dann brauchst du Hilfe. Wenn du alles hast, dann kauf dir neue. (… Schuhe)

Look here, my friend.! Spreiz Hohl, Platt Knick. Senk

Ohm, ich hab oft Seitenstechen! Woher kommt das?

Arhythmus in Zwerchfellbewegung ist muskuläre Reaktion. Zu hastiges Bewegen, Atmen … Rat: weniger bewegen, Tempo reduzieren, nicht so oft den Oberkörper nach vorn beugen, Pausen einlegen u. bewusst in den Bauch hineinatmen.

**Mein Guru, kennst du die Krankheiten *"Ziegenpeter"*, *"Flotter Otto"*, den *"Wolf"*, das *"Zipperlein"* u. oder *"Dusel?*

Du weißt, dass wir Gurus oft rätselhaft antworten.
Wenn du **Ziegenpeter** hast und du wegen des **Flotten Ottos** dauernd rennen musst, liegst du bald flach. Dann holst du dir häufig nen **Wolf,** speziell, wenn du dann noch scharf isst. Da heißt es langsam aufstehen, sonst überkommt dich der **Dusel**. Meist rühren die Schmerzen aber von einem **Zipperlein** her. Sei froh, dass du nicht auch noch die **Zips** oder **Glasfriesel** oder gar die **Krätze** hast.

Mumps, Durchfall, Wundrötung, Schwindel, Fußgicht, Grippe, Windpocken

OHM LOTSE

DA HILFT AUCH KEIN ALUHUT

Merkmale des Kindchenschemas

Merkmale: Vorspringende Stirn, relativ groß erscheinende Augen, kleine Stipsnase, kleiner Mund. Kopf nicht zu klein, kleiner Unterkiefer, kleines Kinn, runde Wangen, Nase, Mund, Augen eher unter Hälfte. Gleiche Abstände der Gesichtsteile, alles synchron. Schmollmund, runde Wangen.

Dieses Muster empfinden Menschen in der Regel als niedlich. Der Schlüsselreiz weckt den Knuddeldrang. Es kommt sogar zu Übersprungshandlungen im Gehirn: Man möchte den anderen drücken, sogar beißen, weil Botenstoffe das Denken verwirren. Sofortiger Beschützerinstinkt! Alles wirkt auf beide Geschlechter.

Krone der Schöpfung?

Menschen sind Primaten – eine vielfältige Gruppe, die etwa 200 Arten umfasst. Affen, Lemuren und Menschenaffen sind unsere Cousins, und wir alle haben uns im Laufe der letzten 60 Millionen Jahre aus einem gemein- samen Vorfahren entwickelt. Da Primaten verwandt sind, sind sie genetisch ähnlich.

Selbst ihr **Mitgefühl in Tiergruppen** ist vielfach stärker ausgeprägt als bei Menschengruppen. Sie gehen füreinander in den Tod, Hunde bewachen und verteidigen ihr lebloses Herrchen/Frauchen, dass es einem das Herz zerreißt. Die DNA von Menschen u. Schimpansen ist zu 98-99 Prozent identisch. Die Unterschiede zwischen uns, die wir (und vermutlich auch die Schimpansen) als signifikant erachten, beruhen nur auf 1 oder 2 Prozent der DNA.

Mensch & Tier		Menschenaffen
Beide tragen das urspr. Sprachgen FoxP2. Können aufrecht stehen, zeigen ihr Wollen		Allen fehlt der Schwanz, vordere Gliedmaßen länger Hauptunterschied zu M: Nicht Sprache, Perspektivübernahme. (Max-Planck-Inst.- Forsch.)

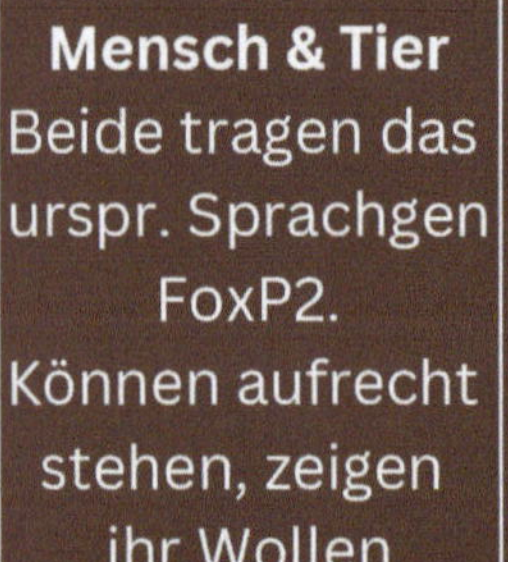

"Wir sind auch Kindchen."
Nur nicht nach Schema F

Fühlst du dich gut, wenn du niedliche Dinge in Tiktok oder Youtube ansiehst? Der Renner sind Tierbabyvideos, die deine Aufmerksamkeit sehr schnell kapern, laut Forschung innerhalb von einer Siebtel Sekunde, indem es den Orbitofrontalkortex aktiviert, das Genuss- u. Belohnungssystem im Gehirn. Dann folgt langsamerer Bewertungsakt, das fürsorgliches Verhalten auslöst. Andere Bereiche des Gehirns werden auch aktiviert, die am Mitgefühl beteiligt sind. Bei Wiederholung stumpft das ab, meist nur noch rein opt. Schlüsselreiz. Beobachten Sie mal die Reaktion von Schulklassen im Zoo: Mädels stürzen sich regelrecht auf Tierbabys, denn das Gehirn gibt das Signal zur Ausschüttung von Dopamin und Oxytocin, ein ähnlicher Glückscocktail wie jener, der mit Verliebt.-heit assoziiert wird und einen verwirrt. **Zu süß zum Aushalten? Macht Schema sogar aggressiv?**

Der Ursprung dieser gefühlten Aggression ist ein positives Gefühl, das vom Belohnungssystem des Gehirns verursacht wird. Bei besonders niedlichen Tieren bzw. Babys können positive Gefühle regelrecht überwältigend sein. Man will vor Knuddelreiz sogar reinbeißen. "Süße Aggression" scheint das Gehirn wieder "abzukühlen", stellte der Forscher *Stavropoulos* fest. Alles in allem eine evolutionäre Anpassung, damit Menschen sich um besonders niedliche, eher hilflose Lebewesen kümmern. Es soll ja Erwachsene geben, die noch gern knabbern.

Die Evolution sorgte dafür, dass auch "Kindchen" überlebten durch den ausgelösten Beschützerinstinkt. Eltern wurden fürsorglicher auch für hübsche, zartere Kinder. Echte Aggressionen wurden ebenfalls verringert durch Glücksgefühle.

DIE URSUPPE

Stanley Miller, Student bewies in einem Experiment, dass Umweltbedingungen aus Gasen und Zutaten Leben schafften. Bestandteile der Ur-Atmosphäre waren: Ammoniak, Methan und Wasserstoff. In diesem Gasgemisch zündeten elektrische Entladungen von Blitzen.

So reagierten die Gase in der Ur-Atmosphäre zu organischen Stoffen. Regen spülte sie ins Meer, vor allem in flachen Gewässern konnten sich hohe Konzentrationen ansammeln. Ob durch aggressive Sonnenstrahlen oder Blitze – die Teilchen müssen immer wieder miteinander reagiert haben. Eine zufällige Kombi von Molekülen zeigte erstmalig eine besondere Eigenschaft: Sie war in der Lage, sich selbst zu vervielfältigen – der Beginn des Lebens. (Welt, SWR o.A.)

Vor etwa 3,5 Milliarden Jahren gab es erste Spuren von Leben. Es handelte sich um bakterienartige Einzeller, die noch keinen Zellkern besaßen (die sogenannten Blaualgen). Sie spielten eine wichtige Rolle bei der Anreicherung der Atmosphäre mit Sauerstoff. Diese Lebewesen nennt man Prokaryonten. Forschung glaubt, dass aber zuvor Archaebakterien in der Nähe heißer Tiefseequellen entstanden als älteste Lebensformen. Das erste Tier, das vor vielen hundert Millionen Jahren im Ozean entstand, war kein Schwamm, sondern eine Rippenqualle.

Echt Bio
Die SALAMI vom FRED

Hör zu, das kannst du mir glauben. „Die Salami vom Fred", das ist ein Kunstwerk. So eine richtige vom Metzger, da merkst du jedes Gramm, jede Faser. Da kannst du blind sagen, aah, wunderbar, ja das ist eine Salami! Eine echte Delikatesse, hausgemacht direkt von der Hausschlachtung, regional. Das ist Natur, öko, weißt schon, und nicht das eingepackte Klump. Man muss doch auch mal genießen können. Hör auf mit deinem „Vegetarisch". Ich weiß, der Fred liebt seine Tiere, da merkst du mit jedem Bissen, du schmeckst es raus, wie der sich um die kümmert! Da ist ihm keine Arznei zu teuer, mensch, wenn da eins krank ist, macht der einen Aufstand. ich sag dann immer, Fred, schlacht sie halt, wenn du meinst, das geht ein. Aber nein, da ist er eisern. Ich sag, das tät doch keiner merken, denk mal an das Gammelfleisch, so ein Pilz bei den Tieren dagegen merkt doch keiner, das ist doch auch etwas Natürliches, sozusagen pflanzlich. Aber nein, der Fred peppelt sie hoch, da ein Anabolikum, dort ein paar Hormone, und nur freilaufend in der Box, nix Kette. Jetzt hat er sogar seine Hühner geschlachtet, und kauft neue. Das konnte er nicht mehr sehen. Der Fred sagt, die armen Hühner, wie die leben müssen. Ja der Fred, da ist er eisern, der Fred, das schmeckst du eben sofort raus, dass er seine Tiere liebt – weil er an die Salami denkt!

Kopfschmerzen?

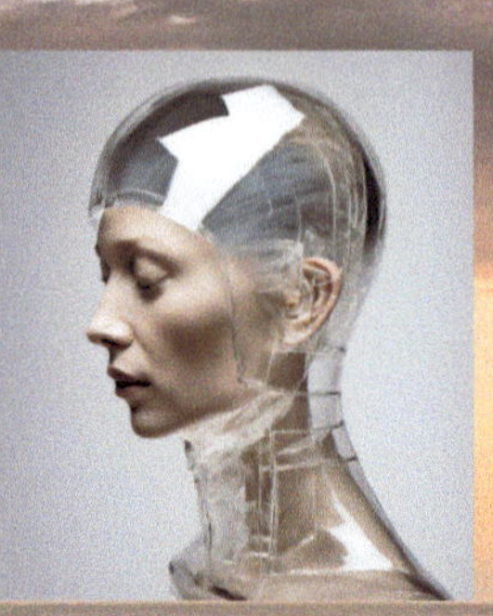

Nacken massieren

Opt. Werbung vermeiden

Kopfstellung ändern

Stopps bei angestrengtem Sehen

Anlehnen. Blick schweifen lassen

Haarwurzeln gießen. Kraulen (lassen)

Frische Luft. Licht dimmen. Vorsicht PC-Abgase!

Phone-Haltung prüfen. öfter mal schmusen …>:)

Krankhafte Arten >>> ab zum Arzt

Weidmannsheil: Jägerlatein

Du, Ich hab neulich einen **Bock geschossen**. Ausgerechnet bei dir, meinem besten Jagdkumpan! Erst hab ich eine **Fährte aufgenommen** und "Deine" hat die **Lunte gerochen**. Meine guten Vorsätze blieben **auf Strecke**. Hab ihre **Löffel** bewundert und sie meine **Blume**. Daraufhin hat sie zum **Halali geblasen**. Sie hat dir leider **Hörner aufgesetzt**. Wir haben **gebögelt, georkelt, genadelt**, später auch **gerammelt**. Dein **scheues Reh** ist doch kein **Angsthäschen**, wie du gesagt hast. Sie hat mich echt **zur Strecke** gebracht. Hat sich danach sehr beschwert, weil sie dir immer erst ewig **auf die Sprünge** helfen muss. Denk an unser Motto: ***Rost an der Flinte, der Pulversack leer, es geht immer noch schlimmer, der Hund steht auch nicht mehr***. Tja, wofür hat man seine J**agdkumpane**? Ich helf dir gern aus, wenn`s wieder **bellt und röhrt.** Ja, ich weiß, Ich bin ein Sauhund, hab dich als **Platzhirsch** verjagt. Aber du kannst völlig beruhigt sein, die **Brunftzeit i**st vorbei, die **Balz** blieb folgenlos. Und dein **Geweih** auf dem Kopf sieht man sicher bald nicht mehr: ***Jetzt jagt man keine Schnepfe, die Schnalle bleibt nun zu. Horrido, es hat geblasen, der Bock hat endlich Ruh.*** Also, nenn mich **Wildsau**, meinetwegen.
Weidmanns Dank!

Noch`n Jägerspruch: **Es ist des Jägers Ehrenschild, dass er den Schöpfer im Geschöpfe ehrt, hegt und pflegt, doch nie vergisst, dass der Mensch ein Jäger ist, ob männlich oder weiblich, es ist bei beiden ähnlich (erblich).**

<u>Onkel Doktor</u>

Bist du am Boden, alles tut weh,
Halt, die Rettung naht
Im Blaumann, mit Stereokop,
der Doc und du, sein Patient

Die Nerven flattern, Hormone zu hoch
Dein Rücken bringt dich noch um
Die Bandscheibe drückt, das Herz spielt verrückt
Ach Herr Doktor, was kann das sein

Keine Sorge, mein Lieber, dann legt er los
Da machma ne Ananasmese
Erst such ich den Schmerz, dann fühl ich den Puls
Ich weiß schon, was ich da lese

Ihr Herz mein Lieber ist aus dem Takt,
Sie haben private Probleme
Die Schmerzen vom Herzen, da gibt's kein Rezept,
Ihr Kummer drückt auf die Seele

Sehn Sie meine Mädels, freundlich und lieb,
So jung noch und schon so erfahren
Es geht um Menschen, kein falscher Schritt
Sie erleben Freude und Dramen

Was Sie haben, hat jeder mal, Liebe wird nie zur Routine
Keine Spritze, die hilft, alles wird gut
Zeit heilt jede Wunde
Er ist halt nur ein Kassenpatient
Sie gibt's privat nur auf Rezept
Ach Onkel Doktor, das wär doch ein Grund
sonst bleibt eine offene Wunde
Keine Sorge, mein Lieber Zeit heilt jede Wunde

Relikte der tierischen Verwandtschaft:

Schwimmhäute zwischen Fingern/ Zehen oder paddelartige Hände. **Fell** oder sehr starke **Behaarung**, selten nicht zurückgebildet nach Geburt. Wolfsmenschen gelten als Filmbösewichte oder als hässlich. Brustwarzen-**Milchleiste,** bis auf zwei zurückgebildet. **Halsfisteln:** Erbanlage für **Kiemenbogen. Verlängertes Steißbein**: Ex-Affenschwanz. **Greifreflex: Festhalten** des Jungen am Fell. Funktioniert im Mutterleib ab 32. Woche: Vgl Bono-Äffchen, werden in 32. Woche geboren, also muss Reflex ab da funktionieren. Temperaturregelung erst durch Fellverlust möglich. **Weisheitszähne:** in Steppe noch hilfreich. Affen hatten genügend Platz für zusätzliche Zähne. **Kieferverkleinerung:** eigentlich degenerativ. **Blinddarm,** mehr Platz für Pflanzenfresser. Mandeln und Blinddarm doch sehr nützlich als letzte Reserve wg. guter Abwehrzellen. **Mehr Muskeln:** nach Geburt weg, bei Tieren nicht.- 2024: Forschungserg. von Max-Planck-Institut mit Isotopverfahren: *K. Jaou* stellte letztlich fest, dass Neandertaler zu 80% Fleisch fraßen. "Beifang Pflanzen" wg. Mageninhalt v. Pflanzenfressern. (*Dlf/MPI-Publ.*)

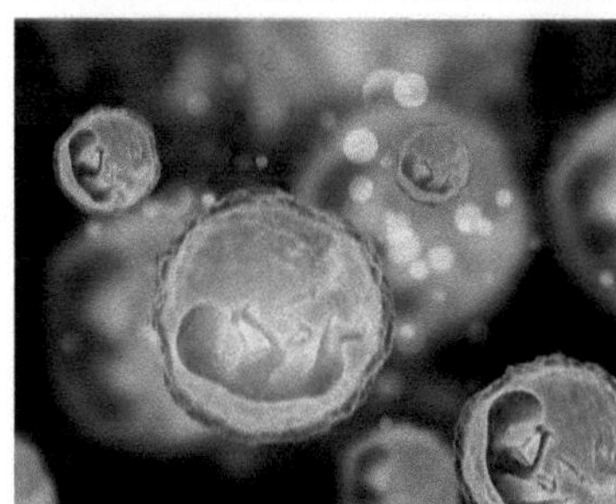

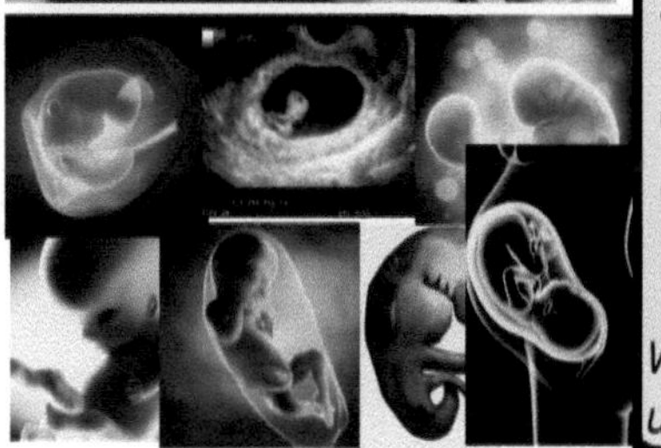

Atavismus:

Übrigens auch bei Tieren schlagen Ex-Anlagen manchmal neu durch. Etwa bei Walen/Schlangen kommt es zu Ausbildung von Extremitäten. Angesichts des sensiblen Systems: Vorsicht bei angehaltener Embryoentwicklung u.a durch Drogen u.a. Gifte.

Anregungen/Infos: Unis US/E. Budderas 2009 Welt, focus onl. 2014 Steinlein/Wissenschaft.de u.a.

Die Schneeflocke Mona

Die Schneeflocke Mona, war nicht schwindelfrei
Geschwister in der Wolke fanden nichts dabei
Sich auf die Erde fallen zu lassen
Aber Mona begann ihre Bestimmung zu hassen
Ach großer Meister, ich hab so schöne Kristalle
Doch sie schmelzen da unten, das ist eine Falle
Lass mich doch hier bei Frau Holle
oder schick ihnen Hagel, oder Watte oder Wolle.

„Du willst hier oben wohl überwintern?"
Sprach der Meister und blies ihr in den süßen
weißen Hintern, bis sie schwipp schwapp
schwupp, von der Wolke kippte
damit sie den anderen auf die Erde folge
Mona dachte immerzu
an den Landungsplatz
Nur nicht auf die Straße segeln
oder in den Matsch. Ihr weißer Pelz sträubte
sich, wenn sie daran dachte,
dass jemand unter ihr
ein Feuer entfachte
Mona, entzückt,
flog auf einen jungen Mann.
Nun liebte sie die Wärme und
fing zu schmelzen an.
Bevor sie ganz verging in seinem Haar,
hat er sie abgeschüttelt, weil sie ihm lästig war

Kein Winter mehr für Kinder?.

Das Bali bei Nacht

Popcorn und Flaschen segeln durch die Luft
Vorn läuft Zorro, hinten tobt ne Schlacht
Nix Ernstes, meint der Nachbar, Jungs, keine Angst
Das ist so im Bali, speziell in der Nacht
Reingeschmuggelt, unter dem Schalter
Die Kassiererin zieht, ihre Mundwinkel runter
Sie lässt uns doch noch rein, auf Zehenspitzen
Blauer Vorhang aus Samt, wir tapsen zu den Sitzen

Willkommen im Bali, dem Tor zur großen Welt.
Zwei Jungs auf der Suche, nach Abenteuerglück
Die Schwarze Maske reitet, besiegt die böse Brut
So wollten wir sein, edel und gut
So wurden wir erzogen,
nachts, im Bali-Palast

Links und rechts Beifall für jede Aktion. Doch beim
Duell reißt der Film, Protest im Publikum.
Den Filmvorführer packt die Angst, er kennt die harten
Jungs. Sie spieln die Szenen mit, kommentieren jeden Satz
Goldbrokat und schwerer Samt, weinrote Wände
Im Hinterhof versteckt, nur Proletenfilme
Räudig und alt, nichts für brave Bürger
Doch für uns wars die Rettung für ein andres Leben
Im Bali-Palast. Im Bali --- Palast

Cafe Soleil (CA VA)

Im Bistro, Kommen und Gehn, keine Zeit, Pause im Stehn
an der Theke gehts ums Geschäft, im Hintergrund
französisch Musik: HELLO, comment ca va ..
Leben wie Gott in Frankreich, lern den wiegenden Gang
was du auch tust, tus mit Vergnügen, fang jedes Lächeln
ein. Im Cafe Soleil, Küsse rechts und links
schon bist du ein Freund, heißer Sommerlook
Mit Wein und Baguette, bis später am Meer
Die Kunst zu leben ist gar nicht so schwer
Die Bedienung rotiert im Kreis, zahlen schnell, ein
Vertreter wird nervös:„Die hätt ich längst schon
abserviert".Sie bleibt freundlich, er hat nichts kapiert
Leben wie Gott in Frankreich, bonjour monsieur
Lern den wiegenden Gang, bonjour madame
Tu was du tust mit Vergnügen – ca va? Und fang jedes
Lächeln ein. Im Cafe Soleil, schon bist du ein Freund
heißer Sommerlook, alles scheint so leicht
Mit Wein und Baguette, bis später am Meer
Die Kunst zu leben, ist gar nicht so schwer
Sommer in der Seele, werd auf dich warten, cherie
im Cafe soleil, zahlen, ich geh, fahr durch die Nacht
bis ans Meer, fahr durch die Nacht zu ihr
Werd auf dich warten Cherie, im Cafe Soleil

<u>IN RICHTUNG Süden (SUSANNE)</u>

Groflraumbüro in Plastikgrün,
gepflegte Frolleins an Computern
Ein Kunde wartet, trommelt nervös
Buchstabe S, alles schaut zum Fensterplatz
Man ruft ihren Namen,doch sie läßt sich nicht stören
Denn Susanne träumt wieder mal vom Süden
von Tohuwabohu,wo die Lebenslust regiert.
Von Bella Donna bei Nacht,
von Wundertüten mit fremder Pracht
Und Susanne träumt wieder mal in Richtung Süden
Der Kunde frostig, Zeit ist Geld, steriles Klima, sie ist
bedient. Sie starrt auf den Bildschirm und
programmiert. Input und Output, der Text verschwimmt,
vor ihren Augen entsteht ein neues Bild.
Denn Susanne träumt wieder mal vom Süden. Man ruft
ihren Namen - bitte nicht stören. Bitte nicht stören -
Susanne träumt vom Süden. Von warmen Nächten
in der Toscana,tropischen Tagen an der Copa Cabana,von
fernen Inseln und goldnen Küsten, von weißen Dörfern.
Susanne träumt vom Süden. Von Mangare, Mama Vitale,
von Sangria und molto Amore, von Basaren viel erfahren,
im Cafe Soleil - nicht nur ein paar Tage. Denn Susanne
träumt wieder mal vom Süden.Sie fliegt in die Sonne,
wo die Lebenskunst regiert. Man ruft sie zurück, doch
Susanne träumt mal wieder ... in Richtung Süden ...

<u>Müller</u>

Sorry, aber Müller geht nicht ans Mobilphone.
Er liest auch keine Mails mehr, pfeift auf das Programm. Müller sagt, das hat ihn alles viel zu deprimiert. Müller geht ins Wassa, er nimmt ein heißes Bad. Müller sagt, Sie können ihn, virtuell genau. Schönen Gruß, er mag nicht mehr, er hat nen Datenstau. Der Depp vom Dienst ist im Streik, soll ich nur bestelln. Müller nimmt`n heißes Bad, Müller hat sich gern

WAS MACHT Müller? Müller hat sich gern

Müller will jetzt Müller sein, ja das reicht ihm schon

WANN KOMMT MÜLLER? Müller nimmt sich frei

Müller lebt und hat Spaß dabei.

Müller will nicht reden, wär sowieso umsonst. Hat es mit den Nerven, bescheinigt ein Attest. Die Welt ist grottenschlecht, hat ihn nicht verdient. Müller hat die Faxen dick und nimmt ein heißes Bad. Müller macht uns Sorgen, er hört auf keinen Rat, singt in seiner Wanne, die Dusche läuft mit Sekt. Hat genug gespart, wir solln zum Teufel gehn, vor allem diese Natter, die schöne Müllerin.-- Foto aus dem Süden Müller im Hotel. Singt in riesen Wanne. Müller quietschfidel. **Was macht Müller? Der bleibt noch lange fern, spielt mit einer Badenixe, ach habt mich alle gern!**

Was macht Müller ...?

Subscribe
TO MY
Channel
-Social-
-MEDIA-
Ohm bedauert:
Wenn Algorithmen
für uns nach Klicks
auswählen,
engt es unsere
Sichtweise so ein,
dass uns ein
großer Teil von
Realität
u. Leben
gestohlen
wird ... Siehe
Soz.Med!
FOLLOW
LIKE

ZEICHNE DEIN GEGENÜBER ALS MONSTER

Zynismus-Meister

Zitat 1: „Wir sind ein Volk, dass sich gut die Lehren des Kalten Krieges u. Verderblichkeit der Okkupationsideologie angeeignet hat. *Z* ist ein freundliches, friedliches europ. Land …Das lässt uns behaupten, dass niemand und nie *Z* in die Vergangenheit zurückbringen kann … Wir müssen begreifen, dass Untaten politischen Zielen nicht dienen können, wir gut diese Ziele auch sein mögen natürlich." *Putler 2001 im BT*

Der Ziehvater einer postdemokratisch technizistischen Allmachtsfantasie verbreitet transfeindlichen Männlichkeitswahn, obwohl er ein Transkind hat, mit dem er nur aus diesem Grund nichts zu tun haben will. Toller Vater, toller Mann! Wer ist das? 2008 Sarahlinde Wagenrad

Zitat 2: … bezeichnet die ehemalige *DDR* als *„das friedfertigste und menschenfreundlichste Gemeinwesen, das sich die Deutschen im Gesamt ihrer Geschichte bisher geschaffen haben", deshalb sei der "Begriff Diktatur unangemessen".* US-Billionär: Murx

Dt. Komikerin: Lebt lesbisch, aber schweigt, wenn Parteiredner vor ihr alle Schwule in den Knast stecken will. Gibt sich national u. wohnt in d. Schweiz, zahlt dort Steuern! Fordert Remigration, lebt daher mit Partnerin aus "SRI LANKA". Diffamiert unschuldige Kinder als "*Kopftuchmädel*", reiht sie unter "*Taugenichtse*" ein. Gibt sich bürgerlich, ist umgegeben von dt. Russland-Trolls, Straftätern, faschistischen Trommlern. Wirtschaftsexpertin, fordert Austritt EU unter d. Jubel der dt. Wirtschaft, weil es uns richtig isoliert,ohne Export, ohne Rohstoffe. Wir haben ja Zuckerrüben! Moralexpertin? Klar, Spendenaffäre, 400000 Strafe im W.kr. Patriotin? Unser Land gegen Öl & Gas, fairer Deal, dann ist die blöde Demokratie weg; naja, die Kolonien des Zaren bluten zwar alle, dafür braucht man nicht mehr zu wählen. EU-Rechte finden sie so gut, dass sie den Fraktionseintritt verweigern, "*LePain*" forderte die schriftl. Rücknahme radikaler Thesen. (teilw. extremistisch, VfS).

Elise weiß das alles. Doch um bei den Dumpfbacken und Parteioberen mitzuspielen, musste sie als selbst "schief Angesehene" die/der Macho-Magger sein, andere pers. beleidigen u. sich verleugnen, vom "Gemobbten zum Mobber" werden! Was ist da bloß bei ihr alles schiefgelaufen, dass sie so zynisch wurde.

Nun will sie mächtig beweisen,
dass sie was Besonderes ist.

Lass dir helfen, Elise, bevor du … Unheil anrichtest!

LG 😊

LOTSE SCHREIBT DREHBÜCHER

Ilse, Pflegekraft 33, sehr begehrt. Sie schwärmt nur für Pfleger Bernd.

Ilse wehrt alles ab, besonders den aufdringlichen Don Juan, den Albert von Station 3. Ein Chirurg mit dubiosen Praktiken, munkelt man, angesichts seiner Erfolge in der plastischen Chirurgie. >

Irgendwann gab Ilse nach, als er versprach, sie zur Oberschwester zu machen und ihre kleine Schwester auf seinem Reiterhof reiten zu lassen. Ilse ernährte die Mutter, die nichts mehr anschaffen konnte, und den Alten, der nur noch Telenovelas ansah. Albert aber war ein Betrüger, statt in seine Villa brachte er sie zu anderen Frauen, die er für Organexperimente auf Halde hielt. „Du hast die Wahl: „Das ist der Daumen und du schüttelst die Pflaumen oder du wirst Ersatzteillager." Ilse willigte ein, doch als Albert Fußball ansah, rannte sie los. Da kam Bernd gerade mit dem Mofa auf den Hof, noch in Pflegerkluft. „Ich ahnte, dass er dich mitnehmen würde, der Wüstling." „Ach Berndi, wie gut, dass du da bist." Und Ilse gab seinem Verlangen nach, als die Sonne unterging.- Albert aber entkam. Forts. folgt.

Nachtrag: Der Redakteur von Rlt3 fand das Drehbuch gut, nur das letzte Bild war ihm zu scharf. *„Weißt du, nackt is kein Problem bei uns - oder Mord und Totschlag. Aber so ein Ausschnitt, das geht nicht. Da hagelt es wieder Proteste."* Schade. Dann wird` s eben ein Comic. Künstler geben nie auf. Brauch nur noch die passenden Bilder!

Orig. Fan-Chat — böse Fußballfans!

Lieber Gott, falls du existierst, sorg dafür, dass unsere Abwehr auch mal ein Spiel zu null spielt, gib ihnen auch etwas Talent, falls nicht möglich, dann unserem Vorstand die göttliche Eingebung, mal einen Spieler zu verpflichten, der auch spielen kann. Amen und besten Dank im Voraus.-

#Gras! Ey, von "Gras fressen" kann doch keine Rede sein, die schlafen doch. Manche spielen, als hätten sie Gras geraucht. War der beim Löschen beteiligt? Oder warum hat der so eine rote Birne? Aus Langweile schaue ich schon die Ami-Liga.

Ey, Solange du keine ~~Frauen-WM~~ (zensiert) schaust, hält sich die Langeweile noch in Grenzen.- Der, den ich gesehen habe, würde eher den Mafiosi auffressen als freiwillig zu verlieren.

Wer bevorzugt auf Parkplätzen für Menschen mit einem Behindertenausweis parkt, sollte sich nicht immer noch über andere Menschen erheben.

Also, ich park nur auf solchen Parkplätzen; sind immer frei u. bis ich im Geschäft bin, kann ich ruhig 1-2 Minuten ein Bein nachziehen.

Können wir bitte wieder zu einer etwas niveauvolleren und sachlicheren Diskussion zurückkommen? Die zentrale Frage ist doch einfach nur: Gleicht der Trainer nun optisch einer SCHILDKRÖTE oder nicht? Also, ich möcht nächstes Jahr gern mit die Mannschaft zusammen noch den Tripper holen, Meisterschaft u. Pokal!"

Du hättest mit`m Saufen aufhören sollen, als du noch eine Chance hattest. Ne, vor Rom würde ich lieber zu `nem italienischen Verein gehen! Was will der in Spanien?

Hä, Rom liegt doch in Romänien?!? Es wird ausverkauft sein!

Hauptsache, dass deine Mutter nicht auftaucht! Das ist das Wichtigste, wenn der Kopf funktioniert, ist er das dritte Bein.

Oh Mann, einen kleinen Finger; ich würde ihn abhacken, um einmal für den FC spielen zu dürfen.

Mann, seh grad den Shop, die wechseln schneller das Trikotdesign wie ich meine Unterhosen!

Is ist ja ekelhaft. Fängt das nach paar Wochen nicht an, bestialisch zu stinken? Aber Respekt, dass du es so lange aushältst!

Da riechste fast ix!!! Mein Fußgeruch und der Knoblauch, den ich dutzendfach esse, macht das wett!!!

Sie holen Superstar? Isn Tippfehler, die meinten Suppenstar! Und wenn nicht? Holn wir die Alten zurück, wiederbeleben, damit die ihre Blutgrätschen auspacken, dann wieder einmotten. *Ciao, bis morsche!*

Ja hallo! Und? Schon die neuen Fußball-Abos gebucht? Teurer ja, doch Ihr spart, wenn Ihr die Streams gleich im Paket abonniert. Na, das hat euch geflasht! Gleich die Sprache verschlagen? Oder wollt ihr lieber Käfigfights, MMA? Was für harte Jungs. Ich seh doch 2 Männer. Du da, mit der Perücke, wohl grade weiblich, ne? Hast du Passeintrag? Den schau ich mir immer an vor ˋnem Deal, erkennˋs nie. Tja, gibt sicher much Action auf eurem Bauernhof. Ey, da könnt ich euch mit nem Influencer-Paket helfen, Luxus-KI. Kennt ihr nicht, Ihr schaut so. Ich weiß, alles teurer, extrem Versicherungen! Bald müsst Ihr den Kitt aus den Fenstern fressen. Ihr solltet euch trotzdem mal was gönnen, bucht doch das Farmer-Netzabo, da dürft ihr euren Scheiß verkloppen. Män, die Gülle als Geschenk, sˋwärs doch! Hey, kauft meine Algen, wenn Fleisch nix geht. Ich nehm supigern eure Schafe ab, voll die Nachfrage. Für toppi Preis. Nein? Nix? Na gut.- Hier ist doch "Schafshof 21"? Ich seh doch eure Schafe. Bin ich falsch? Stumm? Ihr habt wohl die Maul-Seuche, was? Na gut, ich gebˋs auf! Ciao, ihr Trandusen. Adieu. (fährt ab.) SIE: "**Schafe?** Er: **Was für Schafe denn?**" (1.3.35)

Tier-Talk!

Mein Sternzeichen?
Fisch! hahaha

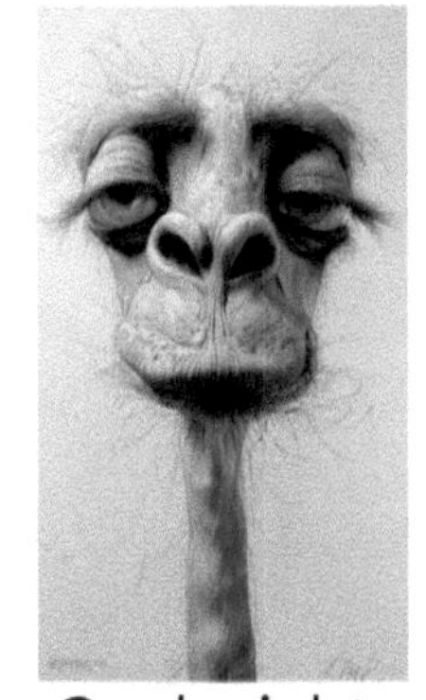

Guck nicht so!
Ich hab mit Vögeln
nichts zu tun.

Und jetzt?

Kleiner gings wohl
nicht. Idioten!

Cheesy! Bitte
nochmal: Wo ist
das Vögelchen?
Halt! Dableiben!

Nest ist Nest

Aua. Hab dir gleich
gesagt, dass Küs-
sen gefährlich ist.

Sie kommt nicht.
Typisch Rasse-
hündin ...

Abkürzung? Und du
bist dir ganz sicher?

Mann , ich mag
keine Close-ups.

Mit ihr auf dem Rücken betrat ich eine Einkaufspassage im Norden, alles grüngrau, Tuch verkleidet, überall Marmor, ein Luxuspalast, nur mit alten Besuchern, die uns musterten und ansahen wie Eindringlinge. Kein Lächeln, gedämpfte, distanzierte Stimmen; die Verkäuferinnen mit wachsamen Blick, nur ja nicht die Friedhofsruhe stören. Und daheim darf kein Kind mehr in eine bestimmte Badetherme.

Wie haben wir beim Comedian gelacht über die sogenannten Arschlochkinder. Ja stimmt, sie schmutzen, sind laut, machen Dreck, kosten viel Geld, schreien, maulen, sind trotzig und beleidigt, gehen auf die Nerven, fragen dich Löcher in den Bauch, wollen, was die Werbung ihnen anbietet, sind ungeheuer emotional, kennen keinen Respekt, ärgern gern, lachen und juxen immerzu, um gleich danach dicke Krokodilstränen zu vergießen. Man leidet mit ihnen mit, geht nochmal in die Schule, blamiert sich beim Helfen, muss oft trösten, wenn sie wieder gemobbt wurden. Wir zittern , ob sie die Prüfungen in den diversen Altersstufen schaffen, den Führerschein, die Liebe bewältigen. Immer in Angst, ob sie gesund heimkommen, wenn sie dann in die Welt hinausziehen. Ja stimmt. ABER, eine Frage: Abgesehen von Liebe, echtem, dich übersteigendem Lebenssinn, der dich zum besseren Menschen macht, der Freude und dem Wunder der Menschwerdung, fragt man sich, wer die Rente der kinderlosen Generation bezahlen soll. Karriere, unabhängig sein, Freiheit, Hobby, nicht älter werden wollen – darum gehts. Ausgebucht. Wegen der Zukunft? Dann gäb es uns nicht. Unsere Aufgabe wär es, trotz allem, die Kinder gestärkt und positiv in die Zukunft blicken zu lassen, ohne Katastrophismus. Stattdessen existieren Kinder gar nicht, sonst würde man bei Gesetzen die Folgen für die Jugend berücksichtigen, nicht nur die Interessen der eig. Klientel sowie der Lautsprecher der Nation, die Deutschlands Bevölkerung eh nicht repräsentieren. Kinderfreundliches Land? Brüller!

Leben als Projekt

Was tun wir nicht alles, um diesem Thema aus dem Weg zu gehen. Diesem verdrängten Schatten in unserer Welt aus Glamour, Luxus und Wohlbehagen. Nur manchmal, wenn uns das Glück wieder um Haaresbreite ein Schnippchen schlägt und entwischt, fallen wir in eine kurze Phase der Besinnung, spüren wir den schweren Schatten des Todes auf unserer Seele. Was tun wir nicht alles, um ihm zu entkommen. Wir treiben Sport, wir stürzen uns ins pralle Leben. Aufgeputscht und voll von Glückshormonen, die wir uns größtenteils künstlich zu führen. Wir atmen, ja wir essen und trinken, wir schlafen und bilden uns ein, immer wieder aufzuwachen. Wir gehen zum Arzt und erwarten, dass er uns sagt, wie krank wir sind, aber alles heilbar. Wir ahmen andere nach, äffen angeblich gesundmachende Traditionen anderer Völker u. Kulturen nach, nur mit dem einen Ziel, älter zu werden. Wir trinken Rotwein, wenn in der Zeitung steht, dass es das Leben verlängert. Wir würden auch Frostschutzmittel trinken, falls ein "Experte" dazu rät. Wir treiben Yoga mit dem Jünger, frisch aus „BackWahn", der nicht einmal Yoga fehlerfrei buchstabieren kann. Irgendnwann müssen wir ein Fortbildungsprojekt mitmachen, wo ein Coach einem die Lebenslust austreiben will und mit Modephrasen den letzen Rest an Vernunft u. Lebenserfahrung pulverisiert. Wir setzen uns im Schneidersitz beim echt schrecklichen Ton der Klangschalen auf einen Teppich, bis uns die Beine abfallen und wir das Lachen kaum zurückhalten können, angesichts des Quatsches, der Phrasen, die der Barfuß vorne von sich gibt. Der jedoch ist auf das Geld der welkenden Business-Lady aus oder kümmert sich um die eine hübsche Junge, die vertraulich und naiv im Stuhlkreis ihre Eheprobleme ausbreitet, alles zum Wohl der Firma.

Anm.: Der Coach, heißt eigentlich Schabrunski , lässt er aber ändern. Hat aufgehört, gäb zu viele Lifestyle-Trainer. Macht jetzt Youtube für Krypto.- **Notiz:** Übrigens war das mal das Schlagwort für religiös Verfolgte im Untergrund. Was für eine Hybris dieser Zocker. Krypto-Währung verbraucht mehr Energie als bevölkerungsreiche Länder. Großteil des Stroms stammt aus fossiler Energie, ist extreme Umweltbelastung.

Faul, der Letzte

Lieg im Stuhl, schaukel vor mich hin, hör wieder auf, strengt mich zu sehr an, bin zu faul, ich müßte was tun, ich bin zu faul, zu faul um aufzustehn. Sonne, die am Lid Schatten preßt, schmor in meinem eigenen Saft, wenn nur der Durst nicht wär, ich müßte mich bewegen, ich bin zu faul dafür. Zeitlupenschauer regnen auf Pharaos Thron, zwischen Palmen und Kühlschrank, so will ich sterben – mitten auf ihrem Balkon. **Faul, der letzte Pharao.**

Atme ein, atme aus, halt die Luft an und lass sie wieder raus. Zu faul zum Sterben, ich leid so glücklich vor mich hin. Da tickt mich ihre Zehe an. Je heißer, je lieber, die muß Rais Tochter sein, sie lutscht am Eis, beißt auch noch rein. Oh du Schlange, du Sphinx, doch ich bin längst immun, weil ich schon ne Mumie bin. Mach dir keine Sorgen, ich werd eingehn und verdorren. Am helllichten Tag zwischen Palmen und Kühlschrank, mitten auf deinem Balkon. **Faul, der letzte Pharao.**

Ich weiß, schwarz steht dir gut. "Der war so FAUL!" "Du bist ihn los, den faulen Sack." Dein netter Kollege baggert schon am Grab. Dann wird`s dir leidtun, aber zu spät. Ich bin zu faul, zu faul um aufzustehen. Ihr Schatten über mir, zwischen Gummibaum und Kühlschrank, mitten auf ihrem Balkon.

FAUL, der LETZTE PHA-RA-O.

FAKE-SHOW!
PARANORMAL

Radiästehesie-Vibrationen, Strahlung, Geistheilung, Therapie, Quantenmedit., online Vermarktung-Distanzheilung.

PENDELN: Ausgelöst durch ideomotorisch induzierte Muskelimpulse: Allein die Vorstellung einer Bewegung - z. B. Schwingen eines P. in eine bestimmte Richtung - führt zu geringen, bewusst nicht registrierten Bewegungsimpulsen in jenen Muskeln, die zur Verwirklichung dieser Vorstellung erforderlich sind. (*Carpenter-Effekt*). Hinzu kommen rhythm. Impulse aus Muskeltonusänderungen: Resonanzgesetzen der Physik folgend, schaukeln sich die minimalen Impulsstöße zu einer harmonischen Pendelschwingung auf. (*SZ 2010, C. Goldner u.a.*)

WÜNSCHELRUTE: Ähnliches Schema. Beim Arbeiten mit der tradit. Zweihandrute kommt zum beschriebenen *Carpenter-Effekt* das sogenannte *Kohnstamm-Phänomen* hinzu: Die angespannte Haltung der Hände und Arme löst bereits nach kurzer Zeit einen *Muskelklonus* aus. Dabei handelt es sich um (geringfügiges) *krampfartiges Zucken*, das die Rute zum Ausschlag bringt. Wünschelrute oder Biotensor haben demnach keinerlei Aussagekraft. Viele wissenschaftl. Belege: Ist Scharlatanerie, wirkt bei erregbaren/sensitiven Menschen besonders. (Sorry, my friend.)

Un die Funde? Zufälle, Vorwissen, Häufigkeit an Fundstellen, Wahrscheinlichkeit, Häufig bereits fester Aberglaube, lässt keine Einsicht der erwachsenen "Gläubigen" mehr zu. Daher **Kinder in Schulen praktisch u. theoretisch immunisieren.**

LÖFFEL VERBIEGEN: x-fach entlarvt, verdeckte Fingerfertigkeit.

GEISTERERFAHRUNG: Zunahme bei Erwachsenen, oft aus Ängsten, Hirngespinsten. Schon 09 schrieb *French (Uni London)* dem Schläfenlappen Beteiligung an der Eigensuggestion zu. **Gruselversuch:** *Ohne Infraschall und Elektromagnetie gleiches Ergebnis als mit.*- Schatten-, u. Trugbilder entstehen wg. Übermüdung, Stress. Nervenzellen feuern unkontrolliert: Trugschlüsse entstehen, Selbst- u. Außenwelt verschwimmen. Vgl Gefährlicher Weg, da schmaler Grad zu krankhafter Störung.

TISCHERÜCKEN, Séance: Okkultverbindung, Dämonen, Seelen: s. o./ Cp. Alles früher belächelt, nun integrale "Bildung" einer wachsenden Minderheit. Der ideale Nährboden für gesellschaftliche "Querkonstrukte" mit nie belegten Glaubensdogmen. Zirkelschlüsse, kaum noch erreichbar für Vernunft. Die Verwendung von physik. Begriffen zeigt das Dilemma der "Paranormalen".

Erziehung will gelernt sein – "Die Giraffensprache"

"Kevin, ich sehe, dass in deinem Zimmer viele Sachen verstreut herumliegen." **Keine Reaktion.** *„Ich fühle mich unwohl, wenn deine Sachen so durcheinander herumliegen, ein Stück weit.* **Keine Reaktion. Pause. Dann: „Ich nicht. Lass mich!"** *„Kannst du bitte deine Spielsachen einsortieren, damit wir saubermachen können. Und deinen Müll wegwerfen."* **„Ja!" Das wars, spielt ungerührt weiter.** Wenig später: *„Du hast deine Jacke auch noch nicht an."* **„Ja, weiß ich!"** Der Vater wackelt ungeduldig mit dem Kopf. **„Ja-ha!" Dann: „ja-ha, gla-heich."** (Vater pumpt leicht.) *„Du, es strengt mich an, wenn du dich nicht rechtzeitig anziehst."* **„Wieso?"** *„Na, Ich habe Angst, dass ich zu spät komm zur Arbeit."* **„Hab doch keine Arbeit, nur Kindergarten.** *„Es würde doch ..."* **„Hab aber keine Lu-ust, will dableiben, noch baun."** *„Bau doch hinterher, hier!"* **Singt: „Na-hein, bin doch schon hier!"** *(Atmet schwer.) „Sylvia, komm mal her, das funktioniert nicht, die kleine Kröte tanzt mir so auf der Nase rum. So Kevin, letzter Versuch. Die Mama kommt gleich, die wird echt böse, du weißt ja."* **„Nein, die Mama hilft mir."** Papa schreit: *„Verdammt noch mal, zieh dich endlich an, oder ..."*

Mama: *„Nein Klaus, so kannst du nicht mit ihm reden. Gell Schatz, du bist doch Muttis Liebling und ziehst es jetzt an. So is brau!"*

Wie geht es weiter?

Vers.A: Die Kröte schleimt sich ein, weint ein bisschen wegen Papa (**„Papa ist böse, er schreit")**, während er sich anziehen lässt; er weiß, dass er dafür bei ihr den Tages-Bonus hat. Nur sein Vater erkennt, wie ihm das Unschuldslamm mit den Augen den Stinkefinger zeigt. Mögl. B: Kommt noch, irgendwann läuft es auch bei Mama nur noch so (laut): *„Los, anziehen oder ich nehm dich so im Schlafanzug mit!"* Das wirkt. Nennen wir diese Erziehung "DIE SOFTE ERPRESSUNG! Ausgeprägte Giraffensprachler kommen oft mit Kindergarten u. Schulen nicht zurecht, Betuchte schicken sie dann auf Privatschulen. Kleiner Trost: Auch pädagog. Uni-Doz. scheitern stets bei praktischen Schulversuchen. (in Regelschulen!)

Angst vorm Altern

Ohm Lotse sagt …" Wir fliegen sogar zum Zehen-Meister, zur Heilerin in den Ural, nach „Ahuweijta", überlegen kaum, wenn wir das schreckliche Zeux trinken, das der Gurusklave wahllos im Garten eingesammelt und zum Durchfalltee verbrüht hat. Malträtieren unseren armen Darm, bis diese neuen Schmerzen die alten übertünchen, wir uns als geheilt empfinden. Lassen mit uns machen, was wir daheim nie machen würden oder entrüstet zurückweisen würden. Wir stecken unser letztes Geld in den Scharlatan auf Mallorca, der behauptet, alles zu heilen, was nicht bei drei auf den Orangenbäumen ist, sogar mit Orangenhaut. Wir wollen partout nicht älter werden und lassen uns Fremdkörper einsetzen und glauben tatsächlich, dass sich dies unser Körper auf die Dauer gefallen lässt. Ohne, dass man überhaupt versteht, wie einfach die Lebensregeln sind, die du beim alten Bauern nebenan umsonst bekommen kannst. Leb, als wäre es der letzte Tag. Freu dich, wieder einen Tag länger dem Sensenmann abgetrotzt. Manchmal entgegnen wir, dass wir unseren Lebensstil nicht mehr ändern könnten. Es wird weiter geraucht bzw. gekifft, weiter mehr gesoffen und Stress wie ein Magnet förmlich angezogen, um sich dann darüber zu beschweren. Wir laufen immer weiter vor uns weg, stur trotzig, als könnten wir mit dem Leben dealen und hätten die Zeit für immer gepachtet. Wie unfair: Oft trifft es die Pechmaries und Unglücksraben mit falschen Genen, tragischen Unfällen, die völlig unschuldig in das Nirvana eintreten.
Nicht gut gemacht, aber ok, Fehler passieren auch der Allmacht bzw. der Allmächtigen.

Angstfrei: Sprengkörper im OP

ABER MANCHMAL können wir plötzlich schweben. Bis an die Decke! Und sehen belustigt zu, wie Männer in grünen Kitteln in rasender Eile an irgendeinem Körper herumfuhrwerken, gleichzeitig an mehreren Stellen. Und wir fühlen uns wohl, wie schon lange nicht mehr, Licht, Luft, perfektes Gleichgewicht und ein rasender Blick in die Vergangenheit mit den schönsten Erinnerungen; es könnte ewig so weitergehen, bis die grünen Männer mit Lanzen einen herunterholen wollen, nach dir pieksen, grelle Blitze regnen lassen, ein Lichtstrom in deinen Augen explodiert und du nur noch das Wimmern dieser gequälten Kreatur hörst. Aufhören! Dann, endlich, es wird schwarz. Nichts mehr, kein Denken, kein Fühlen, kein Leben. Ende Wiedergeburt? Wenn du aufwachst, haben sie einen jungen Mann gerettet, der einen Motorradunfall hatte, mit ausgekugelter Hüfte, tief klaffenden Kopfwunden, zersplitterter Nase, Beulen, zugeschwollenen blauen Augen, herabhängendem Ohr. Zig Wunden am ganzen Körper. Sie haben deine Jeans aufgeschnitten, während die Ärzte schon am Operieren waren, weil es um Minuten ging.- An eins kannst du dich erinnern, als sie dich in den OP schoben. An einen väterlichen Professor, der deine Hand drückte und sagte: *„Halt durch, ich versprech dir, dass du überlebst, aber deine langen Haare müssen wir opfern."* Seitdem glaubst auch du an Engel. Denn er hat Wort gehalten. Du warst zwar monatelang im Krankenhaus, mit Nach-OPs u. konntest lange nicht laufen, geschweige denn im Auto oder mit dem Bus fahren, du hast immer noch einen Splitter an der falschen Stelle; aber er erinnert dich manchmal daran, Demut zu zeigen, denn du lebst. Wer überlebt, weiß erst, was alles fehlen würde an zigtausend kleinen u. großen Freuden ... Also frag dich mal, ob du ...

Während Influencer u. die immer gleichen Schauspieler und Promis aller Art in Talkshows Phrasen predigen, sich als legitimierte Politberater, berufene Experten für alle Lebensbereiche inszenieren, vor allem als Wohltäter, ohne dabei zu vergessen, ständig Werbung für sich bzw. Produkte ihrer Online-Aktivitäten einzuflechten, gleich danach Diskussionen über Begrifflichkeiten bis zur Ohnmacht anfangen, beladen "einfache" Menschen Autos mit Hilfsgütern, riskieren ihr Leben für andere, arbeiten alleingelassen mit Kindern, Jugendlichen gegen Hassprediger und Internetdreck. Helfen, ohne Amt oder Spenden zu erwähnen oder irgendwo genannt zu werden. Ältere geben ihr Wissen weiter, kümmern sich um Zugewanderte, Omas hüten deren Kinder. Jüngere machen frw. SOZ. JAHR. Einfache Bürger sehen nicht weg bei Gewalt, treten offen gegen Verharmlosung von Tätern ein, lassen sich nicht einschüchtern bei Fake-Schmutz, benennen echte Missstände, auch wenn es gerade nicht opportun ist. Bürger inklus. Ex-Migranten fühlen sich für das Land mitverantwortlich, viele haben immer ein Lächeln übrig für andere. Die lauten Großstadtblasen sind nicht Deutschland, es sind die Regionen. Wer es in die Medien geschafft hat, sollte mal sein Dauerjammern über das böse Land und seine rückschrittlichen Bürger überdenken oder Volksreden an die Adresse derer richten, weswegen SIE/ER ja hier angelandet sind. Für die meisten Leute spielt die Lebensform keine Rolle und Idioten gibt es überall. Besser alle Feindbilder abbauen, fragen, was die Kernprobleme sind. Gejammer, Beschwerden über alles und jeden sollten wir immer in Relation zum globalen Maßstab sehen. Dies führt zu Demut und Dankbarkeit. Und mehr Glück!   Danke! Respekt für ALLE! Fränky + Ede

Glück kann man teilen
Coproduz.
Alleiniger Dar-
steller v. O.L.

OHM LOTSE
EINE FRÄNKY FRECKA PRODUKTION
Heiteres Notizbuch für jeden Zweck
www.frankyfrecka@t-online.de
Besuchen Sie auch die FF-Rec. Label-Acts
unseres Youtube-Kanals unter Fränky Frecka

**ZUM BUCHINHALT: Unser Dank an Freunde und Beteiligte
Produktion: Fränky Frecka/Coprod.: Ede Pastete**

Lotse Bilder: Edit. ohne KI (ausrangierte MIX-Software). Hintergründe+ fotogr. Illustration teils mit KI-prod./editiert/lizenziert. Quelle +Zitate. Fotos, Grafiken, Collagen, Edits, sämtliche Texte von Fränky Frecka. ©
Michael B.: Zeichnung + Foto (mb). © **Ede:** alle Fotos als Lotse mb©
Songlyriktitel: Aus Musik-Album: *Fränky F.-"Short Story Songs".*©
Nachtrag RS/W/Sb*: Wir sind so frei, alles dem Textinhalt unterzuordnen, RS, Abk., Wortschöpfungen. (In Zeiten von Diktaten.) Wir schreiben noch selbst.*

Zum Inhalt: Ähnlichkeiten mit lebenden Personen sind zufällig beabsichtigt. Recherchierte Infos sind verkürzt, interpretiert, mit eigenen Erfahrungen ergänzt. Für Fakten u. Inhalte übernimmt der Autor keine Gewähr, ferner wird auf den Satire-Charakter verwiesen. Neben zweckfreiem Spaß, Humor u. "Weisheiten" von Ohm Lotse" ist das Werk angesichts des "optischen Zeitalters" ein Bilderbuch für Erwachsene. (Als E-Book erhältlich.) Ach ja, und ein Notizbuch mit Vorlagen aller Art ist es außerdem.

__Schlussbemerkung:__ In einer Zeit der Extreme, der verbissenen Lautsprecher, abgehobenen Elite-Lobbys u. aggressiven Fanatiker brauchen wir Humor u. ironische Distanz im Alltag. Der Einzelne ist Maßstab. Für alle human Denkenden hegen wir Respekt, auch wenn wir Übertreibungen, Moraldiktate u. sonstige Anmaßungen aufs Korn nehmen. Jeder hat das Recht, ironisch wahrgenommen zu werden. Nicht aber bei Verrohung, Verdummung u. Gewaltanbetung durch die Soz. Medien! Kümmert euch endlich um den Nachwuchs, die Opfer! Verantwortung vor Funktion, Empathie vor Verwaltung, differenzieren vor s/w malen. Bei Demokratiegegnern, respektlosem, kriminellem Verhalten unserem Land u. seinen Menschen gegenüber heißt es für alle Gutwilligen, an einem Strang zu ziehen. Handeln, keine Phrasen mehr. Fakten statt Populismus. Ohne "Schonung" einer Seite. Aber mehr der Lotse sein als die große Leuchte. -

Bestimmte bildungsferne Promis leiden zunehmend an Realitätsverlust, speziell, wenn sie meinen, im Namen der Bürger sprechen zu können, oder ihre Bekanntheit sie zu Druck u. Politik-Statements berechtigt. Sicher springen manche Politiker gern oder notgedrungen darauf an, bis auffällt, dass diese Promis selbst widerlichste Typen und Absahner im Privaten noch gesundbeten, von ihrer eigenen Unmoral und Raffgier ablenken, wohl wissend, was abgeht. Siehe USA, nur eine Spur kleiner! Also, mal in euch gehen, Ricky Gervais gucken, was er den Stars öffentlich ins Stammbuch schrieb. Ihr quält uns doch schon genug mit euren unsäglichen medialen Geschichten, denen man kaum entgehen kann. Natürlich, es gibt auch ganz andere, von denen ihr lernen könntet, die halten aber ihren Kopf und ihr **Bett** nicht in jede Kamera. Darunter turmhoch über allen thronend, die deutschen Großmeister des Humors humaner Prägung, Genies der Schlagfertigkeit und der Erzählkunst, *Harald S. & Joachim Meyerhoff*, denen wir bis ans Lebensende dankbar sind. (Aber H., lass deine "Zerstückler" nicht ungeschoren.)

Allen Käufern u. Lesern herzlichen DANK!

P.S.: Auch manche Zeitungs-Newsletter bringen gratis oft längere, informative Artikel. Also viel Spaß bei Nachrecherchen! FF

Fränkische Kultband, erste fränkisch singende Rockband Best of v. 72-86

Joe Banane: Witzige u. nachdenkliche Kurzstorys, Rock/ Pop, siehe Streaming- Lines,

Buch-vergriffen

Volksrock-Humor in "bayerischer" Mundart Auf allen Online- Musik- Plattformen zu haben

Liebeslieder -Troubadour Pop-Rock, deutsch, auf allen Online-Plattformen

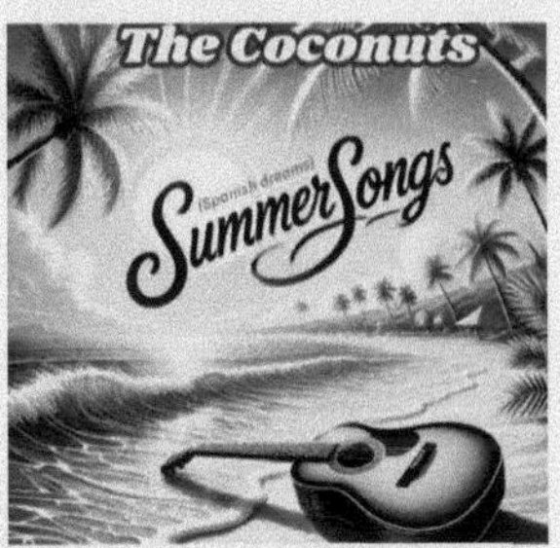

engl. u. spanische Songs, Latin- Pop, Summersongs erhältlich Streaming Plattformen

Der Youtube-Kanal Fränky Frecka

Es könnte so schön sein!
204